- 차 례 -

머리말 ·· 2

육서(六書) ··· 3

한자의 필순(筆順) ·· 4

漢字의 결구법·結構法·글자를 꾸미는 법 ························ 7

漢字의 기본點과 劃 영자팔법(永字八法) ······················ 8

重要部首(중요부수) ··· 9

고사성어(故事成語)본문쓰기 ·· 12

고사(사자)성어 풀이 ·· 112

두가지 이상의 "음"을 가진 한자알기 ···························· 121

상대적인 뜻을 가진 한자알기 ·· 122

반대자(反對字)·반대어(反對語)·同音異義語 ················ 123

정자(正字)·약자(略字)·일람표(一覽表) ························ 125

모양이 비슷한 한자알기 ·· 127

삼강오륜(三綱五倫)·주자십회(朱子十悔) ······················ 128

머 리 말

고사성어(故事成語)는 옛부터 전해 내려오는 유서 깊은 일들을 소재로 하여 만들어진 어구(語句)를 말한다.

이 고사성어에는 인간의 흥망성쇠와 사상, 운명, 윤리, 풍자, 해학이 담겨 있는 이른바 동양의 역사와 철학을 집약한 내용이다.

그러나 전자 컴퓨터 문화로 생활한자를 모르고 심지어는 자기의 이름자도 정확하게 쓰지 못하는 오늘에 있어 안타까운 마음을 금치 못하는 바이다.
오늘날 무한의 국제 경쟁시대를 맞아 한자 교육의 필요성이 더욱 요청되고 중요시 되고 있다. 이 책은 각종시험대비는 물론 일상생활에 적절히 인용해서 쓰면 격조높은 산지식이 될수있도록 엮은 것이다.

또한 글씨는 그 사람의 마음의 거울이며 인격과 지식을 표현하는 것이다.
글씨를 쓰는데 있어서는 좋은 교본과 노력만 있으면 누구라도 좋은 글씨를 쓸수 있다. 교본을 보고 하루에 한장씩 쓰는 노력을 계속 한다면 누구나 멋있는 글씨를 쓸수 있게 될것이다.

이 책의 특징

1. 국어 교과서 지문을 인용하여 내신 성적 및 수능시험에 출제가 가능한 문제를 엄선하여 수록하였으며 정답은 문제 밑에 1번문제 정답이 있고, 1번문제 밑에 문제 정답이 있는 반대로 배열 하였다.
2. 낱말과 성어(成語), 숙어(熟語)를 넣어 한자(漢字)학습에 도움은 물론 한문어(漢文語)의 이해가 바르도록 하였다.
3. 다음으로 모범 글씨체를 보고 필순에 의하여 한자(漢字)를 바르게 쓰도록 하였다.
   이 책은 문제를 다루는 동시에 글씨를 바르게 연습하는 한자어(漢字語)의 말 뜻과 훈(訓)까지 완전히 배우게 하여 학생들에게 학습 활동을 도와 한문 학습의 능률적 효과를 꾀하였다.

한국한자학습개발원 원장

김 영 준

육서(六書)

한자는 여섯가지의 원칙에 의해 글자가 만들어졌는데 이 원칙이 곧 육서(六書)이다. 六書가운데 상형(象形)·지사(指事)·회의(會意)·형성(形聲)은 한자를 창조하여 만든 조자법(造字法)이고 전주(轉注)와 가차(假借)는 이미 만들어진 글자를 이용하여 새로운 뜻을 나타내는 용자법(用字法)이다.

문자(文字)라는 말의 文은 상형문자와 지사문자와 같이 독체(獨體)문자를 뜻하며, 字는 회의문자와 형성문자처럼 두글자 이상이 합체(合體)된 글자를 뜻한다.

1. 상형문자(象形文字) : 구체적임

구체적인 사물의 모양을 본떠서 만든 글자.
예) 日(해 일), 月(달 월), 馬(말 마), 山(메 산) 등.

2. 지사문자(指事文字) : 추상적임

추상적인 생각이나 뜻을 점이나 선, 또는 부호로 나타낸 글자.
예) 一(한 일), 上(위 상), 下(아래 하), 本(근본 본), 末(끝 말) 등.

3. 회의문자(會意文字) : 뜻부분(意) + 뜻부분(意)

이미 만들어진 둘 이상의 글자들을 결합하여 그것들로부터 연관되는 새로운 뜻을 가지도록 만들어진 글자.
예) 男[사내 남 → 田:밭 전 + 力:힘 력] ⇒ 논밭(田)의 일터에서 힘써(力) 일하는 '사내'
　　休[쉴 휴 → 亻:사람 인 + 木:나무 목] ⇒ 사람(亻)이 나무(木) 그늘 밑에서 '쉼'

4. 형성문자(形聲文字) : 뜻을 포함한 부분(形) + 음부분(聲)

이미 만들어진 글자를 결합하여 새로운 뜻을 나타내되, 일부는 뜻(形)을 나타내고 일부는 음(聲)을 나타내는 글자.
예) 頭[머리 두 ⇒ 頁:머리 혈 + 豆:콩 두], 空[빌 공 ⇒ 穴:구멍 혈 + 工:장인 공] 등.

5. 전주문자(轉注文字) : 뜻부분 위주

이미 만들어진 글자를 가지고 그 뜻을 유추(類推)하여 다른 뜻으로 굴리고(轉) 끌어대어(注) 활용하는 글자.
예) 樂(풍류 악 / 즐길 락 / 좋아할 요), 老(늙은이 로 / 익숙할 로) 등.

6. 가차문자(假借文字) : 음부분 위주

이미 만들어진 글자를 본래의 뜻에 관계 없이 음만 빌려다가 쓰는 글자.
예) 亞細亞(아세아 : Asia), 佛陀(불타 : Buddha), 丁丁(정정 : 도끼로 나무를 찍는 소리),
　　可口可樂(코카콜라 : Coca cola) 基督教 기독교·그리스도교 등

한자의 필순(筆順)

    한자의 필순(筆順)은 절대적인 규칙이 있는 것은 아니지만, 오랜 세월동안 여러 사람의 체험을 통해서 붓글씨의 획(劃)을 쓰기위한 일반적인 순서가 정해졌다고 할 수 있다. 글자의 모양이 아름다우면서 빠르고 정확하게 쓸 수 있는 방법이 필요했던 것이다.
글씨의 획(劃)은 점(點)과 선(線)으로 이루어져 있는데, 필순은 이 점과 선으로 구성된 획을 쓰는 순서를 말한다.
특히, 행서(行書)와 초서(草書)의 경우에는 쓰는 순서에 따라 그 한자의 모양새가 달라진다.

필순(筆順)의 기본원칙(基本原則)은 다음과 같다. 예외적인 경우도 잘 알아두어야 한다.

1. 위에서 아래로 긋는다.

    三 ⇨ 一 二 三

2. 왼쪽에서 오른쪽으로 긋는다.

    川 ⇨ 丿 丿丨 川

3. 가로획을 먼저 쓰고 세로획은 나중에 긋는다.

    十 ⇨ 一 十   田 ⇨ 丨 冂 日 田 田
    主 ⇨ 丶 一 二 キ 主   住 ⇨ 丿 亻 亻 伫 住 住 住
    馬 ⇨ 丨 厂 F 上 丰 馬 馬 馬 馬

4. 삐침(丿)을 파임(乀)보다 먼저 긋는다.

    入 ⇨ 丿 入   及 ⇨ 丿 ㇅ 乃 及

• **삐침(丿)을 나중에 긋는 경우도 있다.**

    力 ⇨ 乛 力   方 ⇨ 丶 一 亠 方

5. 좌우(左右)로 대칭일 때는 가운데 획을 먼저 긋는다.

    小 ⇨ 亅 小 小   水 ⇨ 亅 氵 才 水

    山 ⇨ 丨 山 山   出 ⇨ 丨 屮 屮 出 出

    雨 ⇨ 一 厂 冂 雨 雨 雨 雨

    【예외】 火 ⇨ 丶 丷 少 火   來 ⇨ 一 厂 厂 攵 巫 來 來 來

6. 글자 전체를 꿰뚫는 획은 나중에 긋는다.

中 ⇨ 丨 冂 口 中
車 ⇨ 一 丆 冎 百 亘 車
事 ⇨ 一 丆 刁 曰 写 写 事
手 ⇨ 丿 二 三 手
子 ⇨ 了 了 子
女 ⇨ 人 女 女
母 ⇨ 乚 口 口 母 母
【예외】 世 ⇨ 一 十 卅 世 世

7. 점은 맨 나중에 찍는다.

太 ⇨ 一 ナ 大 太
寸 ⇨ 一 寸 寸
代 ⇨ 丿 亻 仁 代 代
求 ⇨ 一 十 十 才 求 求 求

8. 안을 둘러싸고 있는 한자는 바깥부분을 먼저 쓰고, 밑부분은 맨 나중에 긋는다.

四 ⇨ 丨 冂 冂 四 四
國 ⇨ 丨 冂 冂 冂 同 同 同 國 國 國 國
門 ⇨ 丨 冂 冂 冂 冂 門 門 門

9. 받침(辶, 辶)은 맨 나중에 긋는다.

建 ⇨ ㄱ ㅋ ㅋ ㅌ 三 聿 建 建
近 ⇨ 一 厂 斤 斤 斤 近 近 近
【예외】 起 ⇨ 一 十 土 キ キ 走 走 走 起
　　　　題 ⇨ 丨 冂 日 日 旦 早 昇 是 是 是 題 題 題 題 題

◎ 漢字의 구조(構造)

한자는 부수의 위치에 따라 변·방·머리·발·엄·받침·몸 등으로 분류된다.

① 변 — 부수가 글자의 왼쪽(변두리)에 있는것
※ 邊(가 변) - 鳴 妹 館

② 방 — 부수가 글자의 오른쪽(곁)에 있는것
※ 旁(곁 방) - 設 敎 伏

③ 머리 — 부수가 글자의 (머리)위에 있는 것
※ 頭(머리 두) 草 箱 安

④ 발 — 부수가 글자의 발(밑)에 있는 것
※ 足(발 족) 然 孟 驚

⑤ 엄 — 부수가 위와 왼쪽을 덮고(가리고) 있는 것
※ 掩(가릴 엄) 原 病 廣

⑥ 받침 — 부수가 위에 있는 글자를(밑으로 떨어지지 않도록) 밑을 받치고 있는 것
※ 托(받칠 탁) 近 建 越

⑦ 몸 — 부수가 안에 있는 글자를(몸으로)에워싸고 있는 것
※ 身(몸 신) 固 周 間

◎ 한자(漢字)의 결구법(結構法) - 글자를 꾸미는 법

扁 변	다음의 변은 위로 붙인다.	鳴	吹	規	場	球
	다음과 같은 변은 길게 쓰고, 오른쪽을 가지런히 하며, 몸(旁)에 양보하여 쓴다.	妹	煙	禮	複	終
		館	糧	語	鍾	梅
旁 방	방은 변에 닿지 않도록 한다.	設	敎	伏	歡	鷗
冠 머리	위를 길게 해야 될 머리.	草	箱	옆으로 넓게 해야 될 머리.	安	雲
沓 발	받침 구실을 하는 글자는 납작하게 하여 안정되도록 쓴다.	然	孟	炎	書	驚
垂 엄	윗몸을 왼편으로 삐치는 글자는 아랫부분을 조금 오른쪽으로 내어 쓴다.	原	病	廣	覆	歷
構 몸	바깥과 안으로 된 글자는 바깥의 품을 넉넉하게 하고, 안에 들어가는 부분의 공간을 알맞게 분할하여 주위에 닿지 않도록 쓴다.	因	固	圓	園	圖
		周	間	聞	鬪	向
繞 받침	走는 먼저 쓰고	趙	辶 는 나중에 쓰며, 대략 네모가 되도록 쓴다.			越

8 한자(漢字)의 기본 점(點)과 획(劃) (점선따라쓰기)

영자 팔법(永字八法)

永字는 모든 필법을 구비하고 있어서 예로부터 이 글자에 의하여 운필법이 설명되었으며 이 서법을 영자팔법(永字八法)이라 한다.

	부수							
亻	사람인변	亻				亻		仁
刂	칼도방	刂				刂		則
厂	민엄호	厂				厂		原
力	힘력변	力				力		加
卩	병부절	卩				卩		却
口	입 구	口				口		只
子	아들자변	子				子		孫
土	흙토변	土				土		坤
山	메 산	山				山		岳
凵	입벌릴감	凵				凵		凶
扌	손수변	扌				扌		批
氵	물수변	氵				氵		源
忄	마음심변	忄				忄		情
火	불화변	火				火		煩
女	계집녀변	女				女		好

10 중요부수(重要部首)

부수	이름	필순							예자	
弓	활궁변	ㄱㄱ	弓				弓		張	
日	날일변	ㅣㄱ一二	日				日		明	
目	눈목변	ㅣㄱ一二一	目				目		眼	
月	달월변	ノㄱ一一	月				月		朋	
王	구슬옥변	一ㅣ一一	王				王		班	
火	불화변	丶ノノ丶	火				火		煩	
禾	벼화변	ノ一ㅣノ丶	禾				禾		秋	
衤	옷의변	丶ノノ丶	衣				衤		被	
礻	보일시변	丶ノ一丶	示				礻		祥	
石	돌석변	一ノ一ㅣ一	石				石		破	
金	쇠금변	ノ一一一ㅣ丶丶	金				金		銅	
矛	창모변	ㄱ丶ㄱ	矛				矛		務	
癶	필발머리	ノノ丶ㄱ丶	癶				癶		發	
艹	풀초머리	一ㅣㅣ	艹				艹		茂	
竹	대죽머리	ノ一丶ノ一丶	竹				竹		第	

중요부수(重要部首)

부수	이름							
言	말씀언변	言			言		詳	
米	쌀미변	米			米		粉	
糸	실사변	糸			糸		紛	
羽	깃 우	羽			羽		習	
气	기운기	气			气		氣	
玄	검을현	玄			玄		率	
車	수레거변	車			車		輕	
貝	조개패변	貝			貝		財	
疒	병질엄	疒			疒		病	
食	밥식변	食			食		餓	
隹	새 추	隹			隹		集	
門	문 문	門			門		間	
馬	말마변	馬			馬		驛	
魚	고기어변	魚			魚		鮮	
鳥	새 조	鳥			鳥		鳴	

고사성어 풀이 및 유래

▶**刻舟求劍**(각주구검) : 뱃전에 표시를 해서 칼을 찾으려 한다는 말. 곧, 배를 타고 가다가 칼을 강물에 빠뜨리자 뱃전에다 떨어뜨린 자리를 표시해 두었다가 나중에 그 자리에서 칼을 찾으려 한다는 뜻이다. 세상 물정에 어둡거나 완고한 사람의 행동을 비유할 때 쓰는 말로, 〈여씨춘추(呂氏春秋)〉'찰금(察今)'편에 나오는 고사에서 비롯되었다.

전국시대(戰國時代) 초(楚)나라의 한 젊은이가 양자강(揚子江)을 건너려고 배를 탔다. 그런데, 배가 강 복판에 이르렀을 때 젊은이는 만지고 있던 칼을 놓쳐 떨어뜨렸다. 칼은 강물에 풍덩 빠져버렸다.

그러자 그는 잠시 허둥대더니 허리춤에서 단검을 빼들었다. 사람들이 의아하게 쳐다보는 사이 그는 칼을 떨어뜨린 뱃전의 그 자리에다 표시를 했다.

이윽고 배가 나룻터에 닿았다. 젊은이는 곧 옷을 벗어던지고는 자신이 표시한 뱃전 밑의 강물 속으로 뛰어들어갔다.

"아니, 저 젊은이가 도대체 뭘 하자는 거야?"

"가만 있어 보게. 무슨 짓을 하는 건지 금방 알게 되겠지."

잠시 후 젊은이가 물 밖으로 머리를 내밀었다. 그는 의아하게 쳐다보는 사람들 사이를 가르고 나오면서 고개를 갸웃거렸다.

"참 이상하다. 분명히 칼을 떨어뜨린 그 자리가 맞는데…."

그의 말이 끝나자 구경하고 있던 사람들 사이에서 웃음소리가 터져 나왔다.

어리석은 사람이 때로 위험한 것은, 자신의 의견이 옳다고 믿어버리고 남의 의견에 귀를 기울이지 않기 때문이다. 이 이야기의 주인공은 남들의 웃음거리로 끝났지만, 대개는 자신과 남에게 헛된 고생을 시키는 경우가 많다. 이 '각주구검'식의 어리석음을 비유하는 고사성어로 '수주대토(守株待兎)'라는 말도 있다. 각주구검을 줄여서, 각주(刻舟), 각선(刻船), 각현(刻舷)이라고도 한다.

▶**街談巷說**(가담항설) : 길거리나 항간에 떠도는 말. 풍설(風說) 동 街談巷語(가담항어)

▶**苛斂誅求**(가렴주구) : 가혹하게 세금을 거두어들이며, 무리하게 백성들의 재물을 빼앗음.

▶**佳人薄命**(가인박명) : 미인 박명이라고도 하는데 아름다운 여인의 운명이 기박함을 말한다. 이 구절은 북송후기의 학자이며 시인, 문장가였던 소식(蘇軾)의 칠언율시(七言律詩) 가운데 나온다.

▶**刻骨難忘**(각골난망) : 입은 은혜에 대한 고마운 마음이 깊이 뼈에 사무쳐 잊혀지지 않음.

▶**艱難辛苦**(간난신고) : 갖은 고초를 겪어 몹시 힘들고 괴로움.

문제 1

밑줄 친 부분과 관련이 있는 한자 성어는?

> 저자의 장구한 기간의 체험이나 연구를 독자는 극히 짧은 시일에 섭취(攝取)하여 자기 것으로 만들 수 있게 된다. 그뿐만 아니라, 서적에서 얻은 지식이나 암시(暗示)에 의하여, 그 저자보다 한 걸음 더 나아가는 새로운 지식을 터득하게 되는 일이 많다. 그렇기 때문에 서적은 어두운 거리에 등불이 되는 것이며[暗衢明燭], 험한 나루에 훌륭한 배가 된다[迷津寶筏]고 일러 왔다.

① 형설지공(螢雪之功)   ② 청출어람(靑出於藍)
③ 타산지석(他山之石)   ④ 일취월장(日就月將)
⑤ 절차탁마(切磋琢磨)

정답 110쪽

Guide
제자가 스승보다 낫다.

문제 50 정답 ①

刻舟求劍佳人薄命苛斂誅求街談巷說	새길	각	刀(刂)부	총획수 8	刻舟求劍佳人薄命苛斂誅求街談巷說						
	필순: 亠 亥 亥 刻 刻										
	배	주	제부수	총획수 6							
	필순: ′ ⺁ 冂 舟 舟										
	구할	구	水부	총획수 7							
	필순: 一 十 寸 求 求										
	칼	검	刂부	총획수 15							
	필순: 亼 侖 僉 劍 劍										
	아름다울	가	人부	총획수 8							
	필순: ノ 亻 伫 伴 佳										
	사람	인	제부수	총획수 2							
	필순: ノ 人										
	엷을	박	艹부	총획수 17							
	필순: 艹 艹 蒲 薄 薄										
	목숨	명	口부	총획수 8							
	필순: ノ 人 亼 合 命										
	가혹할	가	艹부	총획수 9							
	필순: 艹 艹 芍 苛										
	거둘	렴	攵부	총획수 17							
	필순: 亼 侖 僉 歛 斂										
	벨	주	言부	총획수 13							
	필순: 言 言 訐 許 誅										
	구할	구	水부	총획수 7							
	필순: 十 寸 求 求 求										
	거리	가	行부	총획수 12							
	필순: 彳 徍 徍 徍 街										
	말씀	담	言부	총획수 15							
	필순: 言 言 談 談 談										
	거리	항	己부	총획수 9							
	필순: 艹 艹 共 巷 巷										
	말씀	설	言부	총획수 14							
	필순: 言 言 䛑 說 說										

고사성어 풀이 및 유래

▶**肝膽相照**(간담상조) : '간과 쓸개를 꺼내보인다'는 말. 진심을 터놓는 허물없는 우정이나, 마음이 잘 맞는 절친한 사이를 뜻한다. 당송팔대가(唐宋八大家)로 유명한 한유(韓愈 : 자는 退之, 768~824)가 그의 친구인 유종원(柳宗元 : 자는 子厚, 773~819)의 우정을 칭송해서 쓴 글에서 비롯된 말이다.

한유와 유종원은 당대(唐代)를 대표하는 명문대가이다. 이들은 오랜 세월 두터운 우정을 나눈 절친한 친구이며 함께 고문부흥(古文復興) 운동을 벌인 동지이기도 하였다.

그런데 당 헌종(憲宗)때 유종원은 수구파와의 정쟁(政爭)에 밀려 두번째 유주자사(柳州刺史)로 좌천되었다가 죽고 말았다.

그러자 한유는 유종원을 위해 묘지명을 썼는데, 그 글에서 유종원이 앞서 그 자신도 불우했던 처지에 친구를 크게 동정했던 일을 기록하였다.

"…사람은 곤경에 처했을 때 절의(節義)가 나타나는 법이다. 아무 걱정없이 살아갈 때에는 서로 아껴주며 놀으나 잔치를 마련하여 부르곤 한다. 때로는 농담이나 우스갯소리도 하고, 서로 사양하고 손을 맞잡기도 한다. 그뿐이랴. 죽어도 배신하지 말고자 '쓸개와 간을 서로 꺼내 보이며' 맹세한다. 이처럼 정말 믿어도 될 것처럼 말하지만 일단 조금이라도 이해관계가 엇갈리면 눈길을 돌리며 마치 모르는 사람처럼 대한다. 함정에 빠져도 손을 뻗어 구해 주기는커녕 오히려 더 깊이 차 넣고 돌을 던지는 인간이 많다. 이런 행위는 무지한 짐승도 차마 하지 못하는데 그런 사람들은 스스로 득의했다고 자부한다."

우정을 배신하는 일은 많다. 친하게 지낼 때에는 간이라도 빼줄 것처럼 하다가 상대가 어려운 처지가 되면 모른체한다. 그보다 더한 경우에는 친구를 이용해 먹는다. 진실한 우정을 나누기란 어려운 일이다. 서로의 속안을 훤히 알 수 있는 진실한 친구가 한둘이라도 있다면 그의 인생은 외롭지 않을 것이다. 그러니 세상의 모든 친구들이여, 쉽게 간, 쓸개를 내보일 일이 아니며, 일단 속을 내보이는 친구가 되었다면 죽기까지 우정을 간직할 일이다.

▶**敢不生心**(감불생심) : 감히 생각도 못함을 말함.

▶**甘言利說**(감언이설) : 남의 비위에 맞도록 꾸미거나 또는 이로운 조건을 들어 그럴듯하게 꾀는 말.

▶**甘呑苦吐**(감탄고토) : 달면 삼키고 쓰면 뱉는다는 뜻으로, 자기에게 유리하면 하고 불리하면 하지 않는 이기주의적 태도.

▶**甲男乙女**(갑남을녀) : 갑이란 남자와 을이란 여자란 뜻으로, '특별히 이름이나 신분을 지적할 정도가 못되거나, 또는 누군지 잘 알수없는 그저 평범한 사람들'을 이르는 말. 동 張三李四(장삼이사)

▶**甲論乙駁**(갑론을박) : 서로 의견을 주고 받으며 옥신각신 함을 말함.

문제 2

밑줄 친 부분과 관련된 한자 성어로 가장 거리가 먼 것은?

> 창울한 송림은 볼 수 없건마는, 우거진 잡목 사이에 다람쥐가 넘나드는 것도 또한 정취이다. 거친 상봉을 다 올라와서 동해 가에 다가앉은 치술령(鵄述嶺)을 손가락질 할 때에 장렬하던 <u>박제상(朴堤上)의 의기</u>가 다시금 가슴을 친다.

① 위국충절(爲國忠節)
② 멸사봉공(滅私奉公)
③ 진충보국(盡忠報國)
④ 고굉지신(股肱之臣)
⑤ 반포보은(反哺報恩)

Guide
박제상의 의기와 관계없는 것.

정답 108쪽   문제 49 정답 ③

甘	달	감	제부수	총획수	5	甘					
	필순: 一 十 卄 卄 甘										
吞	삼킬	탄	口부	총획수	7	吞					
	필순: 一 二 天 吞 吞										
苦	쓸	고	艹부	총획수	9	苦					
	필순: 丨 卄 芒 苦 苦										
吐	토할	토	口부	총획수	6	吐					
	필순: 丨 口 口- 吐 吐										
甘	달	감	제부수	총획수	5	甘					
	필순: 一 十 卄 卄 甘										
言	말씀	언	제부수	총획수	7	言					
	필순: 二 二 三 言 言										
利	이로울	리	刂부	총획수	7	利					
	필순: 一 二 禾 利 利										
說	말씀	설	言부	총획수	14	說					
	필순: 言 言 訁 訜 說										
敢	감히	감	攵부	총획수	12	敢					
	필순: 工 五 耳 耳 敢										
不	아니	불	一부	총획수	4	不					
	필순: 一 ア 不 不										
生	날	생	제부수	총획수	5	生					
	필순: 丿 丿- 十 牛 生										
心	마음	심	제부수	총획수	4	心					
	필순: 丶 心 心										
肝	간	간	月부	총획수	7	肝					
	필순: 刀 刀 刀- 肝 肝										
膽	쓸개	담	月부	총획수	17	膽					
	필순: 月 肝 肝 胪 膽										
相	서로	상	目부	총획수	9	相					
	필순: 十 木 机 相 相										
照	비칠	조	火부	총획수	13	照					
	필순: 日 旫 昭 昭 照										

고사성어 풀이 및 유래

▶居安思危(거안사위) : 편안할 때에도 위험과 곤란이 닥칠것을 생각하며, 잊지말고 대비해야 함을 말하는 것으로 〈춘추좌씨전(春秋左氏傳)〉 양공(襄公) 11년조(條)에 나오는 말이다. 동 有備無患(유비무환)

　춘추시대 진(晋)과 초(楚)는 중원(中原)의 패권을 놓고 서로 싸웠다. 당시 진나라 북방에는 소수민족인 융적(戎狄)이 있어 항상 진의 국경을 침입하고 있었다. 기원전 569년 융적의 수령이 사자를 보내어 진과 강화와 동맹을 맺자고 하였다.
　진의 국군(國君)인 도공(悼公)은 중개역의 대부인 위강(魏絳)에게 무력토벌을 주장했으나 위강은 말했다. '만약 융적에게 병을 일으킨다면 중원에서 일이 발생했을 때 어떻게 하시렵니까' 도공도 그 의견에 납득하였고 위강은 융적과 교섭하여 불가침 조약을 체결하였다. 이로써 진은 후한을 없애고 초나라와 싸울 수 있게 되었다.
　그후 진의 국위는 상승하고 제후간의 인망도 높아져 도공은 대만족이었다. 그는 위강의 대융적 화평의 공로를 생각하여 많은 예물을 그에게 상으로 주었다. 위강은 말하기를
　"이는 군공(君公)의 위력과 각 대신의 공적입니다.〈거안사위(居安思危)〉를 잊지 않으면 언제까지나 이 즐거움을 누리게 될 것입니다."라고 했다 한다.

▶康衢煙月(강구연월) : 태평한 시대의 번화한 거리의 평화로운 모습.

▶改過遷善(개과천선) : 허물을 고치고 옳은 길로 들어감을 말함. 晋書 本傳(진서본전)에서 나오는 말이다.
　진(晋)나라 혜제 때 양흠지방에 주처(周處)라는 사람은 태수 벼슬을 한 아버지가 10세 때 돌아가시자 방탕하고 포악한 사람이 되어 마을 사람들로부터 남산의 호랑이, 장교에 사는 교룡(蛟龍)과 더불어 삼해(三害)라는 평을 듣자 새사람이 되겠다는 각오를 하고 남산에 올라 호랑이를 죽이고 목숨을 뺏길 뻔 하면서 교룡을 죽이고 마을에 왔으나 반갑게 맞아주는 이 없는 마을에서 떠나 등오에 가서 대학자 육기와 육운을 만나 자초지종을 이야기하고 "굳은 의지를 지니고 지난날의 과오를 고쳐서 새사람이 된다면(改過遷善) 자네의 앞날은 무한하네"라는 격려를 듣고 10여년 동안 학문과 덕을 익혀 마침내 대학자가 되었다는 데서 개과천선이 유래되었다고 한다.

▶去頭截尾(거두절미) : ① 머리와 꼬리를 자름. ② 생선·닭·채소 등 음식을 만들 재료를 다듬는 일. ③ 앞 뒤 잔사설은 빼고 요점만 말함.

▶擧世皆濁(거세개탁) : 온 세상이 다 흐림. 곧, 지위의 고하를 막론하고 모든 사람이 다 바르지 않음.

▶車載斗量(거재두량) : 수레에 싣고 말로 된다는 뜻으로, 물건·인재 등이 썩 많아 귀하지 않음의 비유.

문제 3　다음 글의 조카의 태도를 비판 하기에 적절한 한자 성어는?

> 언젠가 숙모님이 그의 맘에 제일 드는 규수의 나이와 이름을 물었더니, 하나는 열아홉 살이고 하나는 갓 스물인데, 열아홉짜리는 성이 오씨고, 갓 스물짜리는 윤씨라 하였다.
> "열아홉 살?" 듣던 사람이 놀라니,
> "아, 자식을 봐야지유." 하였다.

① 언감생심(焉敢生心)　② 자가당착(自家撞着)
③ 용두사미(龍頭蛇尾)　④ 당랑거철(螳螂拒轍)
⑤ 식자우환(識字憂患)

Guide
감히 그런 생각을 먹을 수 없음.

정답 106쪽　　문제48정답 ①

去頭截尾改過遷善康衢煙月居安思危	갈	거	ム부	총획수 5	去						
	필순: 一 十 土 去 去										
	머리	두	頁부	총획수 16	頭						
	필순: 口 豆 頭 頭 頭										
	끊을	절	戈부	총획수 14	截						
	필순: 十 产 雀 截 截										
	꼬리	미	尸부	총획수 7	尾						
	필순: ' ㄱ 尸 尾 尾										
	고칠	개	攵부	총획수 7	改						
	필순: 己 己 己 改 改										
	허물	과	辶부	총획수 13	過						
	필순: 口 冎 咼 渦 過										
	옮길	천	辶부	총획수 15	遷						
	필순: 襾 覀 覀 䙴 遷										
	착할	선	口부	총획수 12	善						
	필순: 羊 荟 兼 善 善										
	편안할	강	广부	총획수 11	康						
	필순: 广 庐 庚 庚 康										
	거리	구	行부	총획수 24	衢						
	필순: 彳 徨 衢 衢 衢										
	연기	연	火부	총획수 13	煙						
	필순: 火 炉 炬 煙 煙										
	달	월	제부수	총획수 4	月						
	필순: 丿 刀 月 月										
	살	거	尸부	총획수 8	居						
	필순: 一 尸 居 居 居										
	편안	안	宀부	총획수 6	安						
	필순: 宀 宀 安 安 安										
	생각	사	心부	총획수 9	思						
	필순: 门 田 田 思 思										
	위태할	위	卩부	총획수 6	危						
	필순: 夕 夕 产 台 危										

고사성어 풀이 및 유래

▶ **乾坤一擲(건곤일척)** : 하늘과 땅을 걸고 주사위를 한 번 던진다는 뜻으로, 나라를 걸고 단판으로 승부를 내는 일을 말한다. 장량(張良)과 진평(陳平)이 한왕(漢王:劉邦)을 도와 패업을 이룩한 고사를, 한유(韓愈)가 그의 시 '과홍구(過鴻溝 : 홍구를 지나며)'에서 '천하를 건 도박'이라고 표현한데서 비롯된 말이다. 이후로 이 말은 운명과 흥망을 걸고 단판으로 승부나 성패를 겨루는 일이나, 흥망을 천운에 맡기고 일을 단행하는 것을 비유하는 말로 쓰인다.

당대(唐代)의 대문장가인 한유가 홍구(鴻溝)라는 곳을 지나게 되었다. 홍구는 옛날 진(秦)이 망하고 천하가 아직 통일되지 못했을 무렵, 초(楚)의 항우와 한(漢)의 유방이 이를 경계로 대치하고 있던 곳이다. 이곳을 지나며 한유는 장량, 진평을 생각하고 이렇게 읊었다.

용과 범이 싸움에 지쳐 강을 사이로 땅을 나누니
만천하 백성들의 목숨이 보존되었도다
누가 군왕에게 말머리를 돌리도록 권하여
진정 천하를 건 도박을 겨루도록 했던가.
(龍疲虎困割川原 億萬蒼生性命存 誰勸君王回馬首 眞成一擲賭乾坤)

진(秦)이 멸망하고 천하가 아직 통일되지 않았을 때였다. 얽히는 싸움 3년 만에 진나라를 멸망(기원전 206)시킨 항우는 팽성(彭城:徐州)을 도읍으로 정하는 한편 의제(義帝)를 초나라의 황제로 내세우고 스스로를 초패왕(楚霸王)이라고 호칭하였다. 또 유방을 비롯하여 진나라를 멸하는 데 기여한 공을 세운자들을 왕후로 봉함에 따라 천하는 잠시 안정되는 것처럼 보였다. 그러나 이듬해 항우가 의제를 시해하자 앞서의 논공행상에 불만을 품어 온 제후들이 각지에서 반기를 들고 일어나 천하는 다시 어지러워졌다.

전영(田榮), 진여(陳餘), 팽월(彭越) 등이 각지에서 반란을 일으켰고 항우가 이들을 치는 사이에 유방은 관중(關中)을 합병하고, 의제 시해에 대한 징벌을 명분으로 삼아 수십만의 대군을 이끌고 초의 도읍 팽성을 빼앗아버렸다.

▶ **見物生心(견물생심)** : 실물을 보고 욕심이 생김.

▶ **牽強附會(견강부회)** : 억지로 끌어대기. 곧, 가당하지 않은 말을 억지로 끌어 붙여 조건이나 이치에 맞추려고 함.

▶ **見利思義(견리사의)** : 눈앞에 이익이 보일 때 의리를 생각함. 곧, 이익이 보이면 그것이 의리에 합당한가를 먼저 생각해야 함.

▶ **犬馬之勞(견마지로)** : 개나 말의 수고. 웃사람에 대하여 자신의 노력을 낮추어 이르는 말. 同 犬馬之誠(견마지성)

▶ **見蚊拔劍(견문발검)** : 모기 보고 칼 뺀다는 뜻으로 곧, 보잘것 없는 작은 일에 어울리지 않게 엄청난 큰 대책을 세움의 비유.

문제 4

다음 글에 주제 의식으로 보아 '과학 기술'에 어울리는 한자 성어는?

> 과학 기술자는 물질 문명의 발달에 기여한 바도 크지만, 그에 못지않게 환경 오염 문제를 유발한 책임도 있다고 하겠다. 그러나 오존층의 파괴, 지구 온난화 문제 등 환경 오염의 구체적인 실상을 밝혀 낸 것도, 그리고 이에 대한 구체적인 해결 방안을 제시할 수 있는 것도 과학 기술자이다. 만약, 현대 과학의 연구 개발 능력을 쾌적한 환경 만들기에 집중하면, 환경 문제의 해결은 결코 어렵지 않을 것이다.

① 결자해지(結者解之) ② 인과응보(因果應報)
③ 자가당착(自家撞着) ④ 우이독경(牛耳讀經)
⑤ 자승자박(自繩自縛)

Guide
환경문제를 일으킨 과학이 그것을 해결 해야 한다.

정답 104쪽

문제47정답 ③

漢字	訓音	부수	총획수	필순	쓰기
見	볼 견	제부수	7	冂 冃 目 貝 見	見
利	이로울 이	刀부	7	二 千 禾 利 利	利
思	생각 사	心부	9	冂 田 田 思 思	思
義	옳을 의	羊부	13	羊 差 羞 義 義	義
牽	끌 견	牛부	11	一 玄 奎 牽	牽
強	강할 강	弓부	12	弓 弘 弳 強 強	強
附	붙을 부	阜부	8	阝 阝 阼 附 附	附
會	모일 회	日부	13	合 合 侖 會 會	會
見	볼 견	제부수	7	冂 冃 目 貝 見	見
物	물건 물	牛부	8	牛 牛 牡 物 物	物
生	날 생	제부수	5	ノ 一 牛 牛 生	生
心	마음 심	제부수	4	丶 心 心	心
乾	하늘 건	乙부	11	十 古 卓 草 乾	乾
坤	땅 곤	土부	8	十 土 圳 坰 坤	坤
一	하나 일	一부	1	一	一
擲	던질 척	手부	18	扌 扩 掮 擆 擲	擲

고사성어 풀이 및 유래

▶**結草報恩**(결초보은) : 풀을 엮어서 은혜를 갚다는 뜻. 죽어서까지도 잊지 않고 은혜를 갚는 것을 말한다. 〈춘추좌씨전(春秋左氏傳)〉'선공(宣公)' 15년 조(條)에 나오는 일에서 비롯되었다.

춘추시대 위나라의 위무자(魏武子)가 중병에 걸려 죽게 되었다. 그에게는 애첩(愛妾)이 있었는데, 앞서 그의 병이 그다지 심하지 않았을 때 그는 아들 과(顆)를 불러 자신이 죽거든 애첩(곧 과에게는 서모가 됨)을 개가(改嫁)시키라고 말했다. 그런데 병이 위독해지자 위무자는 다시 아들에게 이렇게 말했다.

"내 죽거든 애첩을 반드시 순사(殉死 : 따라 죽임)하게 하라."

마침내 위무자가 죽었는데, 아들 과는 아버지의 임종 때의 명령에 따르지 않고 앞서의 유언에 따라 서모를 개가하게 하였다. 서모가 부왕의 명령에 따르지 않는 것을 의아하게 생각하자 그는 이렇게 말했다.

"사람이 위독해지면 정신이 흐려집니다. 저는 아버님께서 정신이 올바를 때하신 말씀에 따르기로 했습니다."

그후 선공 15년 7월에 진(秦)나라의 환공이 진(晉)나라를 공격해 들어왔다. 이 싸움에 나간 과(顆)는 진나라의 이름난 장수 두회(杜回)와 싸워 한때 목숨이 위태로운 지경에까지 갔으나 어떤 인물의 도움으로 오히려 두회를 사로잡게 되었다. 과를 쫓아서 달려오던 두회가 갑자기 무엇인가에 걸린 듯 풀밭에 쓰러져 버렸기 때문이었다. 과가 두회를 잡은 후 풀밭을 보니 풀들이 모두 누군가에 의해 엮어져 있었다. 그날 밤 과의 꿈 속에 한 노인이 나타나 이렇게 말했다.

"나는 당신이 시집보내 준 여자의 아비 되는 사람이오. 그대가 선친의 바른 유언에 따랐기 때문에 죽을 뻔하던 내 딸이 살았으므로, 내가 그 은혜를 갚은 것이오."

이때부터 '결초보은'이란 죽어 혼백이 되어서까지 은혜를 갚는다는 뜻으로 쓰인다.

▶**犬猿之間**(견원지간) : 개와 원숭이 사이. 곧, 서로 사이가 나쁜 두 사람을 비유한 말.

▶**見危授命**(견위수명) : 나라가 위태로울 때 제 목숨을 나라에 바침. 동 見危致命(견위치명)

▶**堅忍不拔**(견인불발) : 굳게 참고 견디어 마음이 흔들리지 아니함.

▶**結者解之**(결자해지) : 맺은자가 풀어야 한다는 뜻으로, 자기가 저지른 일은 자기가 해결하여야 한다는 말.

▶**謙讓之德**(겸양지덕) : 겸손히 사양하는 아름다운 덕을 말함.

문제 5

밑줄 친 부분의 뜻을 가진 한자 성어는?

> 미생물을 실험실에서 배양할 때, 어느 때까지는 잘 자라다가 일정 시간이 지나면 먹이 고갈과 노폐물의 축적으로 성장을 멈추고, 끝내는 사멸한다는 것은 익히 알려진 바이다. 인류라고 예외일 수는 없다. 만약, 인류의 생산 활동의 부산물인 대기 오염, 수질 오염 및 토양 오염을 그대로 방치할 경우, '환경 문제'는 '환경 오염'의 차원을 넘어 '환경 파괴'로 치닫게 될 것이다. 그 다음의 결과야 <u>불을 보듯 뻔하지 않은가?</u>

① 명약관화(明若觀火)　　② 이실직고(以實直告)
③ 좌정관천(坐井觀天)　　④ 좌고우면(左顧右眄)
⑤ 등화가친(燈火可親)

Guide
더말할 나위 없이 명백함.

정답 102쪽　　문제 46 정답 ①

堅	굳을 견	土부	총획수 11
	필순: ᄐ 臣 臤 堅 堅		
忍	참을 인	心부	총획수 7
	필순: フ 刀 刃 忍 忍		
不	아닐 불	一부	총획수 4
	필순: 一 フ 不 不		
拔	뺄 발	扌부	총획수 8
	필순: 扌 扩 扮 拔 拔		
見	볼 견	제부수	총획수 7
	필순: 冂 月 目 見 見		
危	위태로울 위	卩부	총획수 6
	필순: ⺈ ⺈ 产 产 危		
授	줄 수	扌부	총획수 11
	필순: 扌 扩 扩 押 授		
命	목숨 명	口부	총획수 8
	필순: 人 亼 合 命 命		
結	맺을 결	糸부	총획수 12
	필순: 糸 紅 紝 結 結		
草	풀 초	艹부	총획수 10
	필순: 艹 艹 苩 草 草		
報	갚을 보	土부	총획수 12
	필순: 土 幸 幸 幸 報 報		
恩	은혜 은	心부	총획수 10
	필순: 冂 因 因 恩 恩		
犬	개 견	제부수	총획수 4
	필순: 一 ナ 大 犬		
猿	원숭이 원	犬부	총획수 13
	필순: ノ 犭 犭 猿 猿		
之	어조사 지	丿부	총획수 4
	필순: 丶 ラ 之		
間	사이 간	門부	총획수 12
	필순: 冂 阝 門 門 間		

고사성어 풀이 및 유래

▶**傾國之色(경국지색)**: 나라를 위태롭게 할 정도의 미색(美色). 곧, 대단한 미인을 일컫는 말이다. 그냥 '경국'이라고만 해도 미인을 가리킨다. 〈한서(漢書)〉 '이부인전(李夫人傳)'의 기록이다.

한나라 무제(武帝) 때 이연년(李延年)이라는 이가 있었다. 그는 노래와 춤은 물론 작곡과 편곡을 잘하는 뛰어난 음악가였다. 어느 날 그는 무제를 위해 다음과 같은 내용의 노래를 지어 불렀다.

'북방에 가인(佳人)이 있으니 절세의 미인이로다.
눈길 한 번 돌아보면 성(城)이 기울고
두 번 돌아보면 나라가 기울어지네(傾國) ….'

무제가 이 노래를 듣고 나서 물었다.
'이 세상에 그토록 아름다운 여인이 있단 말인가?'

이때 무제의 누이 평양공주가 무제에게 이연년의 누이동생이 바로 그 노래의 주인공이라고 말해 주었다. 무제는 곧 그 여인을 불러들였는데, 과연 대단한 미모와 화려한 춤 솜씨를 가진 여인이었다. 무제는 그 여인을 대단히 총애했는데, 그만 그 여인은 젊은 나이에 죽고 말았다.

그런데, 이보다 앞서 '경국(나라가 위태로워지다)'이란 말이 나오는 곳은 〈사기〉 '항우본기'이다.

항우와 유방의 숙명의 라이벌전이 한창일 때, 유방은 항우에게 부모와 처자를 포로로 모두 빼앗겨버렸던 적이 있다. 그 때문에 유방은 몹시 괴로워하고 있었는데, 변설(辯舌)에 능한 후공(侯公)이라는 이가 변설로써 항우를 설득하여 이들을 찾아 온 일이 있었다. 유방은 이에 몹시 감탄하여 다음과 같이 말했다고 한다.

"천하의 변사(辯士)로다. 그가 있는 곳이면 나라도 기울게 하겠구나."

곧, 뛰어난 변설로써 나라의 운명도 기울게 할 수 있을 것이라는 감탄이었다.

▶**耕當問奴(경당문노)**: 농사 일은 머슴에게 물어야 한다는 뜻으로, 일은 그 방면의 전문가에게 물음이 옳음.

▶**耕山釣水(경산조수)**: 산에 가 밭을 갈고 물에 가 낚시질을 함. 곧, 속세를 떠나 자연을 벗삼아 한가로운 생활을 함.

▶**敬而遠之(경이원지)**: 공경하기는 하되 가까이하지는 않음. 곧, 겉으로는 공경하는 체하면서 실제로는 꺼리어 멀리함.

▶**輕佻浮薄(경조부박)**: 사람됨이 날리어 언어 행동이 가볍고 진중하지 못함. 동 輕薄浮虛(경박부허)

▶**經天緯地(경천위지)**: 온 천하를 경륜하여 다스림.

문제 6 밑줄 친 부분의 내용과 관계가 깊은 한자 성어는?

> 윤동주(尹東柱)가 세상을 떠난 지 어느덧 30여 년의 세월이 흘렀다. <u>그가 즐겨 거닐던 서강(西江) 일대에는 고층 건물이 즐비(櫛比)하게 들어서고, 창냇벌을 꿰뚫고 흐르던 창내가 자취를 감추어 버릴 만큼, 오늘날 신촌(新村)은 그 모습이 완전히 달라졌다.</u> 달 밝은 밤이면 으레 나섰던 그의 산책길에 풀벌레 소리가 멈춘 지 오래고, 그가 사색(思索)의 보금자리로 삼았던 외인 묘지(外人墓地)는 계절 감각을 상실한 지 오래다.

① 창해일속(滄海一粟)
② 상전벽해(桑田碧海)
③ 망운지정(望雲之情)
④ 수구초심(首邱初心)
⑤ 맥수지탄(麥秀之歎)

Guide 세상 일의 변천이 심함을 비유한 말.

정답 100쪽 | 문제45정답 ⑤

한자	훈·음	부수	총획수	필순
敬	공경할 경	攵부	13	⺊ 芍 苟 苟 敬
而	말이을 이	제부수	6	一 丆 丌 而 而
遠	멀 원	辵부	14	土 查 袁 遠 遠
之	어조사 지	丿부	4	丶 丷 之
耕	밭갈 경	耒부	10	三 丰 耒 耒 耕
山	메 산	제부수	3	丨 凵 山
釣	낚시 조	金부	11	𠆢 坴 金 釣 釣
水	물 수	제부수	4	亅 刁 水 水
耕	밭갈 경	耒부	10	三 丰 耒 耒 耕
當	마땅할 당	田부	13	⺌ 尚 常 常 當
問	물을 문	門부	11	冂 門 門 問 問
奴	종 노	女부	5	𡿨 𡿨 女 奴 奴
傾	기울 경	人부	13	亻 化 化 傾 傾
國	나라 국	口부	11	冂 冋 國 國 國
之	어조사 지	丿부	4	丶 丷 之
色	빛 색	제부수	6	𠂊 𠂉 㐅 色 色

敬而遠之耕山釣水耕當問奴傾國之色

고사성어 풀이 및 유래

▶**鷄口牛後(계구우후)** : 글자대로 하면 '닭부리 쇠꼬리'이지만 그 뜻은 '닭의 부리가 될지언정 쇠꼬리는 되지 말라'는 것으로서, 곧, 큰 집단의 말석보다는 작은 집단의 우두머리가 낫다는 말이다. 〈사기(史記)〉 '소진열전(蘇秦列傳)', 〈전국책(戰國策)〉 등에 나온다. 원말은 '닭의 볏(혹은 부리)이 될지언정 소꼬리는 되지 말라(寧爲鷄口 勿爲牛後, 혹은 寧爲鷄尸 不爲牛從)'이다.

전국시대, 동주(東周)의 도읍 낙양(洛陽)에 소진(蘇秦)이라는 종횡가(縱橫家 : 전국시대 부국강병책을 논하던 사상가의 하나)가 있었다. 그는 진(秦)나라가 부국강병에 어느 정도 성공하고 동쪽의 위(魏)나라를 쳐부수자 이를 두려워하여 주변 여섯 나라(齊, 燕, 韓, 魏, 趙, 楚)가 대진(對秦) 동맹을 결성했을 때, 그 일을 추진한 인물이다. 그가 쓴 계책은 합종책(合縱策)이었는데, 그것은 여러 나라가 남북, 즉 종(從)으로 동맹해서 진나라를 상대하는 것이었다.

자신의 계책을 성공시키기 위해 위 여섯 나라를 순방하던 소진은 한나라에 도착하여 혜선왕(惠宣王)을 알현하고 그를 설득했다.

"전하, 한나라는 지세가 견고하고 사방의 땅이 구백 여리에 이릅니다. 군사도 수십만에 이르며 그 용맹은 천하에 잘 알려져 있습니다. 그런데도 대왕께서 서쪽으로 진나라를 섬긴다면 이는 사직의 수치일 뿐만 아니라 천하의 웃음거리가 되기에 족합니다. 게다가 일단 복종하면 진나라는 계속해서 국토를 할양해 달라고 요구할 것이니 이는 화를 자초하는 것입니다. '차라리 닭의 부리가 될지언정 쇠꼬리는 되지 말라'라고 했는데, 진나라를 섬기는 것은 쇠꼬리가 되는 것이나 다름이 없습니다."

그러자 혜선왕은 칼을 어루만지면서 결코 진나라를 섬기지 않겠다고 약속했다.

이처럼 혜선왕을 설득시킨 소진은 계속해서 위, 세, 초나라에도 유세(遊說)하여 합종책을 성립시켜 천하의 판도를 바꾸어 놓았다.

▶**鷄卵有骨(계란유골)** : 달걀 속에도 뼈가 있다는 뜻으로, 뜻밖에 장애물이 생김을 이르는 말.

▶**鷄鳴狗盜(계명구도)** : 닭의 울음소리를 잘내는 사람과 개 흉내를 잘내는 도둑이라는 말로, 보잘것 없는 기능을 가진 사람도 쓸모가 있을때가 있음을 비유한 말

▶**呱呱之聲(고고지성)** : 아기가 세상에 나오면서 처음 우는 소리.

▶**孤軍奮鬪(고군분투)** : ① 수가 적고 도움을 받지 못하는 외로운 군대가 강한 적과 용감하게 싸움. ② 홀로 여럿을 상대로 싸움.

▶**鼓腹擊壤(고복격양)** : 백성들이 배불리 먹고 배를 두드리며 땅을 침. 곧, 태평성세를 즐김.

문제 7 밑줄 친 부분과 같은 경우를 나타내는 한자 성어는?

> 1941년 9월, 우리의 알차고 즐거운 생활에 난데없는 횡액(橫厄)이 닥쳐왔다. 당시에 김송 씨가 요시찰 인물(要視察人物)이었던데다가 집에 묵고 있는 학생들이 연희 전문학교 학생들이었기 때문에, 우리를 감시(監視)하는 일제(日帝)의 눈초리는 날이 갈수록 날카로워졌다.

① 설상가상(雪上加霜)
② 이열치열(以熱治熱)
③ 점입가경(漸入佳境)
④ 호사다마(好事多魔)
⑤ 진퇴양난(進退兩難)

Guide 좋은 일에는 흔히 방해되는 일이 생긴다는 뜻.

정답 98쪽　　문제44정답 ①

한자	훈	음	부수	총획수							
呱	울	고	口부	8	呱						
	필순: 口 叭 呱 呱 呱										
呱	울	고	口부	8	呱						
	필순: 口 叭 呱 呱 呱										
之	어조사	지	丿부	4	之						
	필순: ' 丿 之										
聲	소리	성	耳부	17	聲						
	필순: 声 殸 殸 聲 聲										
鷄	닭	계	鳥부	21	鷄						
	필순: 爫 癸 鄭 鷄 鷄										
鳴	울	명	鳥부	14	鳴						
	필순: 叫 吖 嗚 鳴 鳴										
狗	개	구	犬부	8	狗						
	필순: ノ 犭 犭 犳 狗										
盜	도둑	도	皿부	12	盜						
	필순: 氵 次 浓 盗 盜										
鷄	닭	계	鳥부	21	鷄						
	필순: 爫 癸 鄭 鷄 鷄										
卵	알	란	卩부	7	卵						
	필순: 乀 乃 卯 卵 卵										
有	있을	유	月부	6	有						
	필순: ノ ナ 冇 有 有										
骨	뼈	골	제부수	10	骨						
	필순: 丨 冂 冎 骨 骨										
鷄	닭	계	鳥부	21	鷄						
	필순: 爫 癸 鄭 鷄 鷄										
口	입	구	제부수	3	口						
	필순: 丨 冂 口										
牛	소	우	제부수	4	牛						
	필순: ノ 𠂉 二 牛										
後	뒤	후	彳부	9	後						
	필순: 彳 彳 彳 後 後										

고사성어 풀이 및 유래

▶**曲學阿世**(곡학아세) : 학문을 왜곡해 세속(世俗)에 아첨한다는 뜻으로, 원래 배운 정도(正道)를 버리고 시류(時流)에 영합한다는 말이다. 한대(漢代)의 학자 원고생(轅固生)이 말한 데에서 비롯되었다. 〈한서(漢書)〉'유림열전(儒林列傳)' 등에 나온다.

한나라 경제(景帝)때 강직하기로 이름난 원고생(轅固生)이라는 노학자가 있었다. 산동(山東) 출신으로 〈시경(詩經)〉에 밝고 학문이 출중해서 박사(博士)가 되었다. 그는 경제의 모친 두태후(竇太后)가 노자서(老子書)에 대해 물었을 때 올바른 학문이 아니라고 일언(一言)에 거절하였다가 두태후의 노여움을 사서 죄를 받았는데, 경제의 도움으로 벗어난 일이 있었다. 이렇게 되자 세상 사람들은 과연 직언을 잘하는 대쪽 같은 선비는 다르다고 칭송했다.

무제(武帝)가 즉위하자 그는 또 불려나갔다. 그때 그의 나이 아흔 살이었다. 무제에게 아첨하던 많은 사이비 학자들은 바른 말 잘하는 원고생을 심하게 헐뜯으며 그의 등용을 극력 반대했으나 무제는 듣지 않았다.

이때 원고생과 함께 등용된 소장(少壯) 학자로 공손홍(公孫弘)이라는 사람이있었는데, 그 역시 원고생과 같은 산동 출신이었다. 그 또한 다른 사람들과 마찬가지로 원고생을 꺼려했지만, 원고생은 언짢게 여기는 기색없이 공손홍에게 이렇게 말했다.

"공손홍 자네는 부디 올바른 학문을 익혀서 자기가 배운 학문을 왜곡하여 세상의 속물들에게 아부하는 일이 없도록 하게나."

이 말을 들은 공손홍은 앞서의 자신의 태도를 매우 부끄럽게 여겨 사죄하는 한편 원고생을 스승으로 섬겼다고 한다.

▶**孤城落日**(고성낙일) : 남의 도움을 받지 못하는 외로운 정상의 비유. 〈唐나라 王維의 詩〉에 나온다.

"장군을 따라서 우현(右賢)을 취하고자 하니
 모래밭으로 말을 달려 거연(居延)으로 향하네
 멀리 한나라 사자가 소관(簫關) 밖에 옴을 아니
 근심스러워 보이는구나 고성낙일(孤城落日)의 가여."

이 시는 자신의 세력이 쇠퇴하여 도움도 기대할 수 없는, 마음이 안 놓이는 상태에 있음을 비유하여 고성낙일(孤城落日)이라 부른 것은 아니다.

▶**姑息之計**(고식지계) : 일시적인 편안을 얻기위한 꾀. 곧, 임시 변통이나 일시 미봉(彌縫)하는 계책.

▶**苦盡甘來**(고진감래) : 고생끝에 즐거움이 옴.
  동 興盡悲來(흥진비래)

▶**骨肉相爭**(골육상쟁) : 가까운 혈족끼리 서로싸움
  동 骨肉相殘(골육상잔)

▶**空理空論**(공리공론) : 실천이 없는 헛된 이론.

문제 8

밑줄 친 부분의 내용과 관계가 깊은 한자 성어는?

학문에 진리 탐구 이외의 다른 목적이 섣불리 앞장을 설 때, 그 학문은 자유를 잃고 왜곡(歪曲)될 염려조차 있다. 학문을 악용하기 때문에 오히려 좋지 못한 일을 하는 경우가 얼마나 많은가? 진리 이외의 것을 목적으로 할 때, 그 학문은 한때의 신기루와도 같아, 우선은 찬연함을 자랑할 수 있을지 모르나, 과연 학문이라고 할 수 있을까부터가 문제다.

① 허장성세(虛張聲勢) ② 곡학아세(曲學阿世)
③ 어불성설(語不成說) ④ 사상누각(沙上樓閣)
⑤ 양두구육(羊頭狗肉)

Guide
진리에 세상에 어그러진 학문으로 세상 사람에게 아첨함.

정답 96쪽 문제43정답 ②

	괴로울 고	艹부	총획수 9	苦						
苦	필순: 一 十 艹 苦 苦									
盡	다할 진	皿부	총획수 14	盡						
	필순: 聿 圭 圭 盡 盡									
甘	달 감	제부수	총획수 5	甘						
	필순: 一 十 廾 甘 甘									
來	올 래	人부	총획수 8	來						
	필순: 一 厸 厸 來 來									
姑	시어머니 고	女부	총획수 8	姑						
	필순: 女 女 女 姑 姑									
息	쉴 식	心부	총획수 10	息						
	필순: 丿 冂 自 息 息									
之	어조사 지	丿부	총획수 4	之						
	필순: 丶 ㇖ 之									
計	셈할 계	言부	총획수 9	計						
	필순: 一 言 言 言 計									
孤	외로울 고	子부	총획수 8	孤						
	필순: 子 孑 孑 孤 孤									
城	성 성	土부	총획수 10	城						
	필순: 土 圹 城 城 城									
落	떨어질 락	艹부	총획수 13	落						
	필순: 艹 艹 茨 落 落									
日	날 일	제부수	총획수 4	日						
	필순: 丨 冂 日 日									
曲	굽을 곡	曰부	총획수 6	曲						
	필순: 冂 冂 曲 曲 曲									
學	배울 학	子부	총획수 16	學						
	필순: 臼 𦥯 𦥯 學 學									
阿	아첨할 아	阝부	총획수 8	阿						
	필순: 𠀅 阝 阿 阿 阿									
世	인간 세	一부	총획수 5	世						
	필순: 一 十 廾 廿 世									

고사성어 풀이 및 유래

▶**過猶不及(과유불급)** : 중도(中道)를 지나침은 미치지 못한 것과 같다는 뜻. 이 유명한 말은 〈논어(論語)〉'선진(先進)'편의 구절에서 따온 것이다.

공자의 제자 중 자공(子貢)은 유난히 다른 사람을 비교하기를 좋아했던 모양이다. 그가 어느 날 공자에게 물었다.
"선생님, 사(師 : 子張의 이름, 공자의 제자)와 상(商 : 子夏의 이름. 공자의 제자)은 누가 낫습니까?"
공자는, "사는 지나치고, 상은 미치지 못한다"고 대답하였다. 자공이 다시, "그렇다면 사가 낫습니까?"라고 물었다.
그러자 공자는 이렇게 대답했다.
"지나침은 미치지 못함과 같다(過猶不及)."
공자의 제자 가운데 자장(子張 : 師)은 '재주가 높고 뜻이 넓었으나 구차히 어려운 일을 하기 좋아했으므로 항상 중도(中道)에 지나쳤고', 자하(子夏 : 商)는 '독실히 믿고 삼가 지켰으나 규모가 협소했으므로 항상 미치지 못하였다'고 한다. 공자는 이 둘을 비교하면서 누가 더 나은 것이 없이 같은 단점을 갖고 있다고 하였다. 중도(中道)를 잃었다는 점에서 같다고 한 것이다. 유가(儒家)의 도(道)는 중용(中庸)을 그 극치로 삼는다. 얼핏 생각하면 자공의 물음대로, 뛰어난 자의 지나침이 어리석은 자의 부족함 보다 나을 것 같지만, 두 쪽 다 같이 중도를 잃은 것이다.

후세의 사람들은 이 구절을 읽으며, 공자같이 훌륭한 스승의 가르침이란 그 지나침을 억제하고(抑其過) 이르지 못함을 이끌어주어(引其下及) 중도(中道)에 돌아가게 하는 것임을 알게 된다.

▶**空中樓閣(공중누각)** : 허공에 나타난 누대와 전각. 내용이 없는 문장이나 쓸데없는 의론(議論) 곧, 패사소설(稗史小說)을 말한다. 또는 실제로 이루어질 수 없는 일을 수행하는 것을 비유한 말이다. 그러나 이와는 전혀 다른 뜻으로 지혜가 매우 뛰어난 사람을 표현할 때도 쓰인다. 원말은 당(唐)나라의 시인이었던 송지문(宋之問)의 '유법화사(遊法華寺)'라는 시에 나온다. 또 송대의 학자 심괄(沈括)의 글에서도 비슷한 내용이 있다. 비슷한 말로 '사상누각(沙上樓閣)'이 있는데, 이것은 기초가 튼튼하지 못해 바로 쓰러지고 말 학문이나 사물을 가리킨다.

▶**誇大妄想(과대망상)** : 현재의 사실을 턱없이 과장하여 사실인 양 믿는 생각.

▶**管鮑之交(관포지교)** : 옛날 중국의 관중(管仲)과 포숙(鮑叔)처럼 친구 사이가 다정함을 이름.

▶**刮目相對(괄목상대)** : 괄목하고 대면함. 남의 학식이 부쩍 느는 것을 일컬음.

▶**光陰如水(광음여수)** : 세월이 가는 것이 물의 흘러감과 같음을 비유.

문제 9

밑줄 친 부분에 어울리는 한자 성어는?

> 가까이 와 보니, 과연 나의 짐작대로 우리 수탉이 피를 흘리고 <u>거의 반사 지경에 이르렀다.</u> 닭도 닭이려니와 그러함에도 불구하고 눈 하나 깜짝 없이 고대로 앉아서 호드기만 부는 그 꼴에 더욱 치가 떨린다. 동네에서도 소문이 났거니와 나도 한때는 걱실걱실히 일 잘하고 얼굴 예쁜 계집애인 줄 알았더니, 시방 보니까 그 눈깔이 꼭 여우새끼 같다.

① 구사일생(九死一生)
② 반생반사(半生半死)
③ 취생몽사(醉生夢死)
④ 작취미성(昨醉未醒)
⑤ 사생결단(死生決斷)

Guide
거의 죽을 지경의 뜻.

정답 94쪽   문제42정답 ④

한자	훈	음	부수	총획수
管	대롱	관	竹부	총획수 14
	필순: ⺮ 竺 笠 管 管			
鮑	절인어물	포	魚부	총획수 16
	필순: ⺈ 舀 魚 鮑 鮑			
之	어조사	지	丿부	총획수 4
	필순: ⼀ ⼂ 之			
交	사귈	교	亠부	총획수 6
	필순: 亠 六 交 交			
誇	자랑할	과	言부	총획수 13
	필순: 言 訁 訏 誇 誇			
大	큰	대	제부수	총획수 3
	필순: 一 ナ 大			
妄	망녕될	망	女부	총획수 6
	필순: 亠 亡 妄 妄			
想	생각	상	心부	총획수 13
	필순: 木 相 相 想 想			
空	빌	공	穴부	총획수 8
	필순: 穴 穴 空 空			
中	가운데	중	丨부	총획수 4
	필순: 丨 冂 口 中			
樓	다락	루	木부	총획수 15
	필순: 木 杪 棏 樓 樓			
閣	누각	각	門부	총획수 14
	필순: 丨 尸 門 閁 閣			
過	지날	과	辶부	총획수 13
	필순: 冎 冎 咼 過 過			
猶	오히려	유	犬부	총획수 12
	필순: 犭 犭 犺 猶 猶			
不	아닐	불	一부	총획수 4
	필순: 一 ノ 不 不			
及	미칠	급	又부	총획수 4
	필순: ノ 乃 及			

고사성어 풀이 및 유래

▶**巧言令色(교언영색)**: 발라맞추는 말과 알랑거리는 낯빛이라는 뜻으로, 남의 환심을 사기 위해 아첨하는 말과 보기 좋게 꾸미는 표정을 말한다. 〈논어〉'학이(學而)'편에 '교언영색 선의인(巧言令色鮮矣仁)'이라고 한 공자의 말에서 유래되었다.

공자는 말만 번지르르한 사람을 싫어했다. 말재주로 다른 사람에게 아첨하는 것은 사리(私利)를 얻기 위해 자신을 속이는 행위이며, 곧, 본심(本心)의 덕(德)을 해치는 것이기 때문이다. 아첨꾼과 말만 잘하는 사람에 대해서 공자가 한 말들을 들어보면 다음과 같다.

말을 좋게 하고 얼굴빛을 곱게 하는 사람은 인(仁)한 이가 적다.
(巧言令色 鮮矣仁: '學而'편)
강직 의연하고 질박 어눌한 사람은 '인(仁)'에 가깝다(의지가 굳고 용기가 있으며 꾸밈이 없고 말수가 적은 사람은 '인'에 가깝다)
(剛毅木訥 近仁: '子路'편)
혹자가 말하기를,
"옹(雍: 仲弓)은 '인'하나 말재주가 없습니다(仁而不佞)"
라고 하였다.
공자께서 말씀하셨다.
"말재주를 어디에다 쓰겠는가. 약삭빠른 구변으로 남의 말을 막아서 자주 남에게 미움만 받을 뿐이니 그가 인한지는 모르겠으나, 말재주를 어디에다 쓰겠는가('公冶長'편)"

▶**矯角殺牛(교각살우)**: 뿔을 고치려다 소를 죽인다는 말로, 곧 작은 일에 힘쓰다가 큰 일을 망친다는 뜻을 말함.

▶**膠柱鼓瑟(교주고슬)**: 비파나 거문고의 기러기발을 아교로 붙여 놓으면 음조를 바꾸지 못하므로 한 가지 소리밖에 내지 못하듯이 '고지식하여 변통성이 없음'의 비유.

▶**交淺言深(교천언심)**: 사귄 지 얼마 되지 않는데 자기 속을 털어 내어 이야기함.

▶**膠漆之交(교칠지교)**: 아주 친밀하여 떨어질 수 없는 교분. 동 金石之交(금석지교)

교칠(膠漆)은 아교와 옻을 말한다. 아교풀로 붙이면 서로 떨어질 수가 없고 옻으로 칠을 하면 벗겨지지를 않는다. 이렇게 찰떡처럼 떨어질 수 없는 교분을 교칠지교(膠漆之交)라 말한다. 관중과 포숙의 교분, 유비·관우·장비의 교분 등을 교칠지교라고 할 수 있다.

▶**九曲肝腸(구곡간장)**: 굽이굽이 서린 창자란 뜻으로, '시름이 쌓이고 쌓인 마음속'의 비유.

문제 10

다음 글에 나타난 거지의 모습에 가장 어울리는 한자 성어는?

> "이것은 훔친 것이 아닙니다. 길에서 얻은 것도 아닙니다. 누가 저 같은 놈에게 일 원짜릴 줍니까? 각전(角錢) 한 닢을 받아 본 적이 없습니다. 동전 한 닢 주시는 분도 백에 한 분이 쉽지 않습니다. 나는 한 푼 한 푼 얻은 돈에서 몇 닢씩을 모았습니다. 이렇게 모은 돈 마흔여덟 닢을 각전 닢과 바꾸었습니다. 이러기를 여섯 번을 하여 겨우 이 귀한 대양(大洋) 한 푼을 가지게 되었습니다. 이 돈을 얻느라고 여섯 달이 더 걸렸습니다."

① 안빈낙도(安貧樂道)
② 오매불망(寤寐不忘)
③ 자강불식(自强不息)
④ 교각살우(矯角殺牛)
⑤ 수주대토(守株待兎)

Guide
스스로 힘쓰고 쉬지 아니함.

정답 92쪽 | 문제41정답 ②

膠	아교	교	肉부	총획수 15	膠						
	필순: 月 膠 膠 膠 膠										
漆	옷	칠	水부	총획수 14	漆						
	필순: 汁 浐 泬 漆 漆										
之	어조사	지	ノ부	총획수 4	之						
	필순: ㇐ ㇉ 之										
交	사귈	교	亠부	총획수 6	交						
	필순: 亠 六 交 交										
膠	아교	교	肉부	총획수 15	膠						
	필순: 月 膠 膠 膠 膠										
柱	기둥	주	木부	총획수 9	柱						
	필순: 木 杧 杧 柱 柱										
鼓	북	고	제부수	총획수 13	鼓						
	필순: 吉 吉 壴 鼓 鼓										
瑟	악기이름	슬	玉부	총획수 13	瑟						
	필순: F 珏 琴 瑟 瑟										
矯	바로잡을	교	矢부	총획수 17	矯						
	필순: 矢 知 矯 矯										
角	뿔	각	제부수	총획수 7	角						
	필순: ク 介 角 角 角										
殺	죽일	살	殳부	총획수 11	殺						
	필순: メ 亲 柔 殺 殺										
牛	소	우	제부수	총획수 4	牛						
	필순: ノ 匕 二 牛										
巧	공교로울	교	工부	총획수 5	巧						
	필순: 一 T 工 丂 巧										
言	말씀	언	제부수	총획수 7	言						
	필순: 亠 二 产 言 言										
令	명령할	령	人부	총획수 5	令						
	필순: ノ 人 今 令										
色	빛	색	제부수	총획수 6	色						
	필순: ク 夕 冬 刍 色										

고사성어 풀이 및 유래

▶**口密腹劍**(구밀복검) : 입에는 꿀을 바르고 있지만 뱃속에는 칼을 품고 있다는 뜻으로, 겉으로는 친한 체하지만 속으로는 해칠 생각을 품고 있다든가, 돌아서서 은근히 남을 헐뜯고 끌어내린다는 말이다. 당 현종(玄宗) 때의 신 이임보(李林甫)를 두고 당시 사람들이 평했던 말에서 비롯되었는데, 〈십팔사략(十八史略)〉, 〈신당서(新唐書)〉, 〈자치통감(資治通鑑)〉 등에 나온다. 원말은 '구유밀 복유검(口有密腹有劍)'이다.

당 현종 천보 원년의 일이다. 그동안 현종에게 갖은 아양을 떨어 환심을 사왔던 간신 이임보가 드디어 재상으로 승진되었다. 현종은 원래 총명한 군주로서 한동안은 선정을 베풀어 칭송을 받았지만 황후와 사별하고 난 뒤부터는 줄곧 양귀비의 미색에 빠져 모든 정사를 이임보에게 맡기고 국사를 돌보지 않은 지 오래였다. 이렇게 되자 이임보는 제세상을 만난 듯 인사권을 손 안에 틀어쥐고 국정을 마음대로 주무르기 시작했다. 위인이 워낙 간교하고 음흉한지라 태자는 물론 안록산(安祿山)까지도 두려워했다.

그는 재주나 명망이 자기보다 낫거나 임금의 신임을 받아 자신의 지위를 위협할 만한 사람이 나타나면 수단 방법을 가리지 않고 제거해버렸는데 그중에서도 문과를 통해 급제하여 바른말을 잘하는 선비들을 더욱 꺼려했다. 그런데 그는 자신의 마음에 들지 않는 사람이라 할지라도 결코 겉으로 그를 미워하는 내색을 하지 않았다. 도리어 현종에게 그런 인물을 천거하여 상대를 안심시킨 후에 뒤로 공작하여 그를 떨어뜨리는 수법을 쓴 것이다. 이 때문에 당시 사람들은 이임보를 두려워하며 다음과 같이 말했다.

'이임보는 입에 꿀이 배에는 칼이 있다(口有蜜腹有劍)'.

▶**狗尾續貂**(구미속초) : ① 담비의 꼬리가 모자라서 개꼬리로 잇는다는 뜻. ② 훌륭한 것에 보잘것없는 것이 뒤를 이음.

▶**口尙乳臭**(구상유취) : 입에서 아직 젖내가 남. 곧, 말이나 짓이 유치함. 史記의 高祖紀(고조기)에 나옴.

유방이 한신을 시켜 위왕(魏王) 표를 치라고 하면서 수하에게 물었다. "위나라 군대의 대장이 누군가?" 막료가 대답했다. "백직(柏直)입니다." 이 말 들은 한왕은, "입에서 젖비린내가 나는구나(口尙乳臭). 어찌 우리 한신을 당해낼 수 있겠는가?"라는 말에서 유래되었다.

▶**口耳之學**(구이지학) : 남에게 얻어들어 알게 된 변변치 않은 지식, 들은 풍월.

▶**九牛一毛**(구우일모) : 아홉 마리 소에 한 가닥의 털. 곧, 썩 많은 가운데서 극히 적은 수.

▶**九折羊腸**(구절양장) : 수많은 굽이 꺾인 양의 창자. 곧, 꼬불꼬불한 험한 길.

문제 11

밑줄친 부분과 같은 사이를 나타내는 한자 성어는?

> 일 년에 한두 번 방학 때만 오래간만에 만나는 터이나, <u>이 두 청년은 입심 자랑이나 하듯이 주고받는 말끝마다 서로 비꼬는 수작밖에 없건마는, 그래도 한 번도 정말 노해 본 일은 없는 사이</u>이다. 중학에서 졸업할 때까지 첫째, 둘째를 겯고 틀던 수재이고, 비슷비슷한 가정 사정에서 자라났기 때문에 어린 우정일망정 어느덧 깊은 이해와 동정은 버리려야 버릴 수가 없는 것이다.

① 죽마고우(竹馬故友)
② 문방사우(文房四友)
③ 수어지교(水魚之交)
④ 막역지우(莫逆之友)
⑤ 북창삼우(北窓三友)

Guide
아주 허물 없는 벗.

정답 90쪽   문제 40정답 ④

口耳之學	입 구	제부수	총획수 3	口
	필순: 丨 冂 口			
	귀 이	제부수	총획수 6	耳
	필순: 一 丅 ꟷ 下 耳 耳			
	어조사 지	丿부	총획수 4	之
	필순: 丶 ㇀ 之			
	배울 학	子부	총획수 16	學
	필순: 臼 𦥯 𦥯 學 學			
口尚乳臭	입 구	제부수	총획수 3	口
	필순: 丨 冂 口			
	오히려 상	小부	총획수 8	尚
	필순: 丨 小 冋 尚 尚			
	젖 유	乙부	총획수 8	乳
	필순: 爫 孚 乳			
	냄새 취	自부	총획수 10	臭
	필순: 自 臬 臭 臭			
口蜜腹劍	입 구	제부수	총획수 3	口
	필순: 丨 冂 口			
	꿀 밀	虫부	총획수 14	蜜
	필순: 宀 宓 密 密 蜜			
	배 복	肉부	총획수 13	腹
	필순: 月 𦝠 腹 腹 腹			
	칼 검	刀부	총획수 15	劍
	필순: 亼 侖 僉 劍 劍			
狗尾續貂	개 구	犬부	총획수 8	狗
	필순: 丶 犭 犭 狗 狗			
	꼬리 미	尸부	총획수 7	尾
	필순: 一 𠃍 尸 尼 尾			
	이을 속	糸부	총획수 21	續
	필순: 糸 紸 綪 續 續			
	담비 초	豸부	총획수 12	貂
	필순: 豸 豸 豸 貂 貂			

고사성어 풀이 및 유래

▶**群盲撫象(군맹무상)** : 여러 맹인이 코끼리를 어루만진다는 뜻. 곧, 좁은 소견으로 어떤 사물을 자기 주관대로 그릇되게 판단하는 것. 혹은 어떤 사물의 전체를 보지 못하고 그 일부밖에 보지 못함을 비유하는 말이다. 〈열반경(涅槃經)〉등의 불경(佛經)에 나오는 비유에서 유래되었다. 군맹평상(群盲評象) 또는 군맹모상(群盲摸象)이라고도 한다.

인도의 경면왕(鏡面王)이 어느날 코끼리라는 동물을 가르쳐주기 위하여 맹인들을 궁중으로 불러모았다. 맹인들이 모이자 코끼리를 끌어오게 하고는 각자 만져보라고 했다. 얼마 후 왕은 맹인들에게 코끼리가 어떻게 생겼는지 한 사람씩 말해보라고 했다.
상아를 만져본 맹인이 말했다.
"코끼리는 무와 같습니다."
코를 만져본 맹인이 말했다.
"절굿공이 같습니다."
귀를 만져본 맹인이 말했다.
"키와 같습니다."
머리를 만져본 맹인이 말했다.
"돌과 같습니다."
다리를 만져본 맹인이 말했다.
"널빤지와 같습니다."
배를 만져본 맹인이 말했다.
"항아리와 같습니다."
꼬리를 만져본 맹인이 말했다.
"새끼줄과 같습니다."
불교에서는 이 이야기속의 코끼리를 부처님으로, 맹인은 중생으로 비유한다. 곧, 모든 중생들은 석가모니를 부분적으로 이해할 수 있다는 것이고, 모든 중생들에게는 각기 자기의 석가모니가 따로 있다는 것을 말해 준다는 것이다.

▶**群鷄一鶴(군계일학)** : 뭇 닭 가운데 한마리 학. 곧, 평범한 여러 사람 가운데 뛰어난 한 사람이 섞여 있음을 비유.

▶**軍令泰山(군령태산)** : 군대의 명령은 태산같이 엄함.

▶**群雄割據(군웅할거)** : 여러 영웅들이 각지에 자리 잡고 서로 세력을 다툼.

▶**眷顧之恩(권고지은)** : 돌봐준 은혜.

▶**權謀術數(권모술수)** : 목적 달성을 위해서는 수단과 방법을 가리지 않고 때와 형편에 따라 둘러 맞추는 모략이나 술책. 동 權謀術策(권모술책)

문제 12

이 글의 내용으로 보아 '어사또'의 모습을 표현하기에 적당한 한자 성어는?

> "어봐라, 사령들아, 네의 원전(前)에 여쭈어라. 먼 데 있는 걸인이 좋은 잔치에 당하였으니 주효(酒肴) 좀 얻어 먹자고 여쭈어라." 저 사령 거동 보소. "어느 양반이관대, 우리 안전(案前)님 길인 혼금(閽禁)하니 그런 말은 내도 마오."
> 등 밀쳐 내니 어찌 아니 명관(名官)인가. 운봉이 그 거동을 보고 본관에게 청하는 말이
> "저 걸인의 의관은 남루하나 양반의 후예인 듯하니, 말석에 앉히고 술 잔이나 먹여 보냄이 어떠하뇨?" 본관 하는 말이 "운봉 소견대로 하오마는……."하니 '마는' 소리 훗입맛이 사납겠다. 어사 속으로, '오냐, 도적질은 내가 하마. 오라는 네가져라.'

① 폐포파립(敝袍破笠) ② 화용월태(花容月態) ③ 창해일속(滄海一粟)
④ 횡설수설(橫說竪說) ⑤ 파죽지세(破竹之勢)

정답 88쪽

Guide
헤진 도포, 부서진 갓. 너절한 옷차림.

문제 39정답 ⑤

權	권세	권	木부	총획수 22	權					
	필순: 朾 栉 栌 槯 權									
謀	꾀할	모	言부	총획수 16	謀					
	필순: 言 訁 計 諆 謀									
術	재주	술	行부	총획수 11	術					
	필순: 彳 彴 袻 術 術									
數	꾀	수	攴부	총획수 15	數					
	필순: 田 婁 婁 婁 數									
軍	군사	군	車부	총획수 9	軍					
	필순: 冖 冃 冒 軍 軍									
令	명령	령	人부	총획수 5	令					
	필순: 丿 人 亽 今 令									
泰	클	태	水부	총획수 10	泰					
	필순: 三 夫 寿 泰 泰									
山	메	산	제부수	총획수 3	山					
	필순: 丨 山 山									
群	무리	군	羊부	총획수 13	群					
	필순: 尹 君 群 群 群									
盲	장님	맹	目부	총획수 8	盲					
	필순: 亠 亡 䒑 盲 盲									
撫	어루만질	무	手부	총획수 15	撫					
	필순: 扌 拧 拌 撫 撫									
象	코끼리	상	豕부	총획수 12	象					
	필순: 今 争 争 象 象									
群	무리	군	羊부	총획수 13	群					
	필순: 尹 君 群 群 群									
鷄	닭	계	鳥부	총획수 21	鷄					
	필순: 爫 奚 鈩 鷄 鷄									
一	하나	일	제부수	총획수 1	一					
	필순: 一									
鶴	두루미	학	鳥부	총획수 21	鶴					
	필순: 冖 隹 鈩 鶴 鶴									

고사성어 풀이 및 유래

▶**捲土重來**(권토중래) : 흙먼지를 말아 일으키며 다시 쳐들어온다는 뜻. 한 번 실패했던 사람이 세력을 회복해서 다시 공격해 온다는 말이다. 오늘날에는 한 번 실패하고는 다시 그 일에 도전한다는 뜻으로 쓰인다. 당대(唐代) 시인 두목(杜牧 : 803~852)의 '제오강정(題烏江亭)'이라는 싯귀에서 유래한 말이며, 이 시의 배경이 된 사건은 〈사기〉'항우본기' 등에 보인다.

항우와 유방의 5년에 걸친 전쟁이 종국으로 치닫던 기원전 203년, 항우는 한의 대군에게 쫓겨 겹겹으로 포위되고 말았다. 한의 사면초가(四面楚歌)와 유방의 참모인 장량과 진평의 건곤일척(乾坤一擲) 작전이 들어맞아 초군은 전의를 잃고 말았다. 항우는 이미 싸움은 자신의 패배로 끝이 나고 있음을 알았다. 오강의 포도 대장인 정장(亭長)으로 부터 '강동(양자강 하루 이남의 땅)으로 돌아가 재기하라'는 권유를 받았지만 그는 '무슨 면목으로 강동으로 돌아갈 것인가'하고는 8백여기의 부하들과 함께 한군으로 돌진하여 이튿날까지 탈진이 되도록 싸우다가 스스로 목을 찔러 자결하였다. 그의 나이 31세였다.

두목은 어느날 일천여년전 항우가 자결했던 오강(烏江)의 객사(客舍)에 머무르게 되었다. 산이라도 뽑아버릴 기개가 있다던 항우가 일세의 뜻을 성공시키지 못한채 목을 찔러 자결하고 말았던 그 역사를 생각하면서 두목은 이렇게 읊었다.

'승패는 병가도 기약할 수 없었으니
수치를 안고 치욕을 참는 것이 남아이었건만
강동에는 따르는 인재도 많았으나
권토중래는 모르는 일이로다.'
병가(兵家)의 승패는 기약할 수 없나니(勝敗兵家不可期)
부끄러움 참는 것이 진정한 남아로다(包羞忍恥是男兒)
강동의 자제 중에는 준재가 많으니(江東子弟俊才多)
권토중래를 아직 알 수 없네(捲土重來未可知)

▶**權不十年**(권불십년) : 권세는 십년을 넘지 못함 곧, '권력이나 세도가 오래 가지 못하고 늘 변함'을 이르는 말.

▶**勸善懲惡**(권선징악) : 착한 일을 권하고 나쁜 일을 벌함.

▶**近墨者黑**(근묵자흑) : 먹을 가까이 하는 사람은 검어진다는 뜻으로, 나쁜 사람과 사귀면 그 버릇에 물들기 쉽다는 말.

▶**金科玉條**(금과옥조) : 금이나 옥같이 귀중한 법칙이나 규정.

▶**金蘭之契**(금난지계) : 벗 사이의 깊은 우정을 비유하는 말. 동 斷金之交(단금지교). 극히 친밀한 우정을 말함.

문제 13 밑줄친 부분과 같은 의미로 쓸 수 있는 한자 성어는?

> 좌수, 별감 넋을 잃고, 이방, 호방 <u>실혼(失魂)</u>하고, 삼색 나졸(三色羅卒) 분주하네.
> 모든 수령 도망할 제 거동 보소. 인궤(印櫃) 잃고 과줄 들고, 병부(兵符) 잃고 송편 들고, 탕건(宕巾) 잃고 용수 쓰고, 갓 잃고 소반(小盤) 쓰고, 칼집 쥐고 오줌 누기. 부서지니 거문고요, 깨지느니 북, 장고라. 본관이 똥을 싸고 명석 구멍 새앙쥐 눈 뜨듯하고 내아(內衙)로 들어가서

① 누란지위(累卵之危)   ② 부화뇌동(附和雷同)
③ 혼불부신(魂不付身)   ④ 비몽사몽(非夢似夢)
⑤ 설상가상(雪上加霜)

Guide
정신을 잃고 얼이 빠졌다는 말(혼이 빠짐).

정답 86쪽 문제38정답 ⑤

近	가까울 근		辶부		총획수 8	近					
	필순: 厂 斤 斤 近										
墨	먹 묵		土부		총획수 15	墨					
	필순: 때 黑 黑 墨 墨										
者	사람 자		老부		총획수 9	者					
	필순: 土 耂 老 者 者										
黑	검을 흑		제부수		총획수 12	黑					
	필순: 冂 때 때 黑 黑										
勸	권할 권		力부		총획수 20	勸					
	필순: 萨 萨 雚 勸 勸										
善	착할 선		口부		총획수 12	善					
	필순: 羊 羊 並 善 善										
懲	징계할 징		心부		총획수 19	懲					
	필순: 彳 徨 徵 懲 懲										
惡	악할 악		心부		총획수 12	惡					
	필순: 一 亓 亞 亞 惡										
捲	거둘 권		手부		총획수 11	捲					
	필순: 扌 扩 挟 捲 捲										
土	흙 토		제부수		총획수 3	土					
	필순: 一 十 土										
重	무거울 중		里부		총획수 9	重					
	필순: 一 二 斤 重 重										
來	올 래		人부		총획수 8	來					
	필순: ノ 扒 來 來										
權	권세 권		木부		총획수 22	權					
	필순: 朽 榨 榨 榨 權										
不	아닐 불		一부		총획수 14	不					
	필순: 一 丆 不 不										
十	열 십		제부수			十					
	필순: 一 十										
年	해 년		干부		총획수 6	年					
	필순: ノ 二 乍 年 年										

고사성어 풀이 및 유래

▶**錦衣夜行(금의야행)** : 비단 옷 입고 밤길 가기. 곧 아무 보람도 없는 행동을 비유한 말이다. 항우가 한 말로서, 〈사기〉 '항우본기', 〈한서(漢書)〉 '항적전(項籍傳)' 등에 고사가 전한다. 의금야행(衣錦夜行), 수의야행(繡衣夜行)이라고도 한다. 이와 반대의 뜻으로 금의주행(錦衣晝行 : 비단옷을 입고 낮길을 간다). 금의환향(錦衣還鄕 : 비단 옷입고 고향간다)이라는 말이 있다.

항우와 유방(劉邦)이 자웅을 겨루던 때의 이야기이다.
유방에 이어 진(秦)의 도읍인 함양(咸陽)에 입성한 항우는 앞서의 유방이 살려 두었던 3세 황제 자영(子嬰)을 죽어버리고는 아방궁(阿房宮)에 불을 질렀다. 시황제(始皇帝)의 무덤을 파헤쳤으며, 유방이 봉인해 두었던 창고의 재물을 빼앗고 질탕하게 잔치를 베풀기도 했다.
항우가 이렇게 함부로 행동하자 모처럼 마련된 제왕(帝王)의 자리가 허물어질까 염려한 참모 범증(范增)이 그의 행동을 간곡히 말렸다. 그러나 항우는 승리의 기쁨에만 들뜬 나머지 갖가지 보물과 여자들을 노획물로 삼아 고향인 강동(江東)으로 돌아가고 싶어했다. 이번에는 한생(韓生)이 이렇게 간했다.
"관중은 사방이 산과 물로 둘러싸인 요충지일 뿐만 아니라 땅도 옥토입니다. 이곳을 도읍으로 삼아 세력을 펴면 천하를 거머쥘 수 있으실 겁니다."

그러나 불타는 궁궐을 바라보며 서있는 항우의 머릿속에는 오직 한시바삐 고향으로 돌아가 자신의 성공을 과시하고 싶은 생각뿐이었다.
항우는 '부귀를 이룩하고도 고향으로 돌아가지 않는다면 비단 옷을 입고 밤길을 가는 것과 같다'라고 말했다. 함양에 정착할 뜻이 없다는 말이었다. 이에 한생은 항우의 앞을 물러나 항우를 어리석다고 비웃었다. 그리고 이 비웃음을 전해 들은 항우는 한생을 삶아 죽였다고 한다. 어쨌든 항우가 자기 고향 팽성을 도읍으로 정한 것이야말로 일생일대의 실수였다. 뒷날 유방이 관중으로 진출할 수 있었던 것도 모두 이 때문에 가능했던 것이다.

▶**錦上添花(금상첨화)** : 좋고 아름다운 것 위에 더 좋은 것을 더한다는 뜻.

▶**今昔之感(금석지감)** : 지금과 옛적과를 비교해 생각할 때, 그 차이가 심함을 보고 느끼는 감정.

▶**金石之交(금석지교)** : 쇠와 돌처럼 굳고 변함이 없는 교분을 말함.

▶**金城鐵壁(금성철벽)** : 방비가 매우 튼튼하고 강한 진지의 비유. 비 金城湯池(금성탕지)

▶**琴瑟之樂(금슬지락)** : 부부사이의 화목한 즐거움. 준 琴瑟(금슬)

문제 14

밑줄 친 부분과 관계가 깊은 한자 성어는?

> 江강湖호에 病병이 깁퍼 竹듁林님의 누엇더니, 關관東동 八팔百빅 리니에 方방面면을 맛디시니, 어와 聖성恩은이야 가디록 罔망極극ᄒ다. 延연秋츄門문 드디닷라 慶경會회 南남門문 ᄇ라보며, 下하直직고 믈너나니 玉옥節졀이 알픽 셧다. 平평丘구驛역 ᄆᆞ를 ᄀᆞ라 黑흑水슈로 도라드니, 蟾셤江강은 어듸메오. 稚티岳악이 여긔로다.

① 동병상련(同病相憐)　② 강호연파(江湖煙波)
③ 천석고황(泉石膏肓)　④ 안빈낙도(安貧樂道)
⑤ 연하일휘(煙霞日輝)

Guide
샘이나 돌 같은 자연을 좋아하는 고질병.

정답 84쪽　문제37정답 ②

金城鐵壁今昔之感錦衣夜行錦上添花	쇠	금	제부수	총획수 8	金						
	필순: ㅅ 수 슈 슈 金										
	성	성	土부	총획수 10	城						
	필순: 圵 圵 圾 城 城										
	쇠	철	金부	총획수 21	鐵						
	필순: 金 鉉 鐼 鐵 鐵										
	벽	벽	土부	총획수 16	壁						
	필순: 尸 辟 辟 壁 壁										
	이제	금	人부	총획수 4	今						
	필순: ノ 人 人 今										
	옛	석	日부	총획수 8	昔						
	필순: 一 艹 艹 昔 昔										
	어조사	지	丿부	총획수 4	之						
	필순: ' ㇗ 之										
	느낄	감	心부	총획수 13	感						
	필순: 厂 戶 咸 感 感										
	비단	금	金부	총획수 16	錦						
	필순: ㅅ 金 鈤 錦 錦										
	옷	의	제부수	총획수 6	衣						
	필순: 亠 广 广 衣 衣										
	밤	야	夕부	총획수 8	夜						
	필순: 亠 亠 ガ 夜 夜										
	다닐	행	제부수	총획수 6	行						
	필순: ㇀ 彳 行 行 行										
	비단	금	金부	총획수 16	錦						
	필순: ㅅ 슈 金 鈤 錦										
	윗	상	一부	총획수 3	上						
	필순: ㅣ 卜 上										
	더할	첨	水부	총획수 11	添						
	필순: 氵 氿 沃 添 添										
	꽃	화	艸부	총획수 8	花						
	필순: ' 艹 艹 花 花										

고사성어 풀이 및 유래

▶騎虎之勢(기호지세) : 호랑이를 타고 달리는 기세. 곧, 중도에서 그만둘 수 없는 형세를 말한다. 일단 호랑이를 탄 이상 호랑이가 멈추기 전에 중도에서 내릴 수는 없다. 만일 내린다면 호랑이에게 잡혀먹히고 말 것이기 때문이다. 따라서 기호지세라고 하면, 어쩔 수 없이 끝까지 버틸 수 밖에 없게 된 경우를 뜻한다. '내친걸음'이란 뜻으로도 쓰인다. 기수지세(騎獸之勢)라고도 한다. 〈수서(隋書)〉 '독고황후전(獨孤皇后傳)' 〈통감기사본말(通鑑紀事本末)〉 등에 보이는 말이다.

수(隋)나라 문제(文帝)인 양견(楊堅 : 재위 581~604)은 진(晉)나라 동천(東遷) 이래 2백 수십 년 간 남북으로 갈라져 있던 중국(南北朝時代)을 통일한 인물이다. 앞서 그는 남북조시대 말, 북조 최후의 왕조인 북주(北周)의 제3대 무제(武帝)때 딸을 황태자비로 만들고, 578년 황태자가 무제의 뒤를 잇자(宣帝) 외척으로서 북주 조정의 실세가 되었다.

그러다 선제가 죽자 양견은 자신이 후견이었던 어린 유제(幼帝 : 靜帝)를 옹립하였다. 그의 속셈은 오랑캐 선비족(鮮卑族)의 나라인 북주를 소멸시키고 새롭게 한족(韓族)의 나라를 세우려는 것이었다.

양견이 이같은 모반을 궁리하고 있을 때 이미 그의 내심을 짐작하고 있던 아내 독고씨(獨孤氏)는 환관을 통해 이런 전갈을 전했다.

'대사(大事)는 이미 정해졌습니다. 호랑이를 탄 형세이니 절대 도중에 내릴 수 없습니다. 힘써 그 일을 추진하십시오(騎虎之勢 必不得下 勉之).'

일이 이미 여기에 이르렀으니 버티어 달라는 말이었다. 이에 고무받은 양견은 선제의 뒤를 이어 즉위한 어린 정제를 폐위시키고 선위의 형식을 밟아 스스로 제위에 올랐으니 이가 바로 수문제(隋文帝)였다. 그로부터 8년 후인 589년. 문제는 남조(南朝)의 진(陳)마저 멸하고 천하통일의 대업을 달성했다.

▶錦衣還鄕(금의환향) : 출세를 하고 고향에 돌아옴.

▶金枝玉葉(금지옥엽) : 임금의 자손이나 집안. 또는 귀여운 자손을 소중하게 일컫는 말.

▶氣高萬丈(기고만장) : 일이 뜻대로 잘될 때 기꺼워하거나, 또는 성낼 때에 그 기운이 펄펄 나는 일.

▶起死回生(기사회생) : 중병으로 다 죽을 뻔 하다가 살아나 회복됨을 말함.

춘추시대 월(越)나라가 오왕 합려에게 부상을 입혔음에도 불구하고, 그 아들 부차가 이것을 용서하고 자기가 승리했을 때 은혜를 베풀자 월왕 구천은 "군왕(君王)이 월나라에 있어서는 이 죽은 사람을 일으켜서(起死人) 백골에 살을 붙인 것과 같다."에서 유래 됨.

▶奇想天外(기상천외) : 보통 사람이 생각할 수 없는 엉뚱한 생각.

문제 15

밑줄 친 부분에 담긴 지은이의 심정을 나타낸 한자 성어는?

山산中듕을 미양 보랴, 東동海헤로 가쟈스라. 藍남與여 緩완步보ᄒᆞ야 山산映영樓누의 올나ᄒᆞ니, 玲녕瓏롱 碧벽溪계와 數수聲셩 啼데鳥됴는 離니別별을 怨원ᄒᆞᄂᆞᆫ 듯, 旌경旗긔를 떨티니 五오色식이 넘노ᄂᆞᆫ 듯, 敲고角각을 섯부니 海헤雲운이 다 것ᄂᆞᆫ 듯. 鳴명沙사길 니근 몰이 醉ᄎᆔ 仙선을 빗기 시러, 바다흘 겻ᄐᆡ 두고 海ᄒᆡ棠당花화로 드러가니, 白ᄇᆡᆨ鷗구야 ᄂᆞᄃᆡ 마라, 네 버딘 줄 엇디 아ᄂᆞᆫ.

① 안빈낙도(安貧樂道)   ② 안분지족(安分知足)
③ 자연친화(自然親和)   ④ 무아지경(無我之境)
⑤ 유유자적(悠悠自適)

Guide
자연과 친하고 화목하게 삶.

정답 82쪽   문제36정답 ④

	기운	기	气부	총획수	10
氣	필순:	气 氕 氧 氣 氣			
高	높을	고	제부수	총획수	10
	필순:	亠 产 高 高 高			
萬	일만	만	艹부	총획수	13
	필순:	艹 苩 萬 萬 萬			
丈	어른	장	一부	총획수	3
	필순:	一 ナ 丈			
金	쇠	금	제부수	총획수	8
	필순:	亽 仐 仐 金 金			
枝	가지	지	木부	총획수	8
	필순:	十 木 朴 枝 枝			
玉	구슬	옥	제부수	총획수	5
	필순:	一 丁 干 王 玉			
葉	잎	엽	艹부	총획수	13
	필순:	艹 苹 荸 葉 葉			
騎	말탈	기	馬부	총획수	18
	필순:	馬 馬 騎 騎 騎			
虎	범	호	虍부	총획수	8
	필순:	声 产 虍 虎 虎			
之	어조사	지	丿부	총획수	4
	필순:	丶 フ 之			
勢	기세	세	力부	총획수	13
	필순:	坴 坴 執 勢 勢			
錦	비단	금	金부	총획수	16
	필순:	亽 仐 金 錦 錦			
衣	옷	의	제부수	총획수	6
	필순:	亠 ナ 亡 衣 衣			
還	돌아올	환	辶부	총획수	17
	필순:	罒 罒 睘 睘 還			
鄕	시골	향	邑부	총획수	13
	필순:	纟 乡 綃 鄕 鄕			

고사성어 풀이 및 유래

▶**囊中之錐**(낭중지추) : 주머니 속의 송곳이란 뜻. 이는 재능이 뛰어난 사람은 숨어 있다 해도 남의 눈에 곧 드러난다는 것을 비유하는 말이다. 〈사기〉 '평원군열전(平原君列傳)'에 나오는 고사에서 유래되었다.

전국시대의 유력자에게는 수천 명이나 되는 인재들이 식객(食客)으로 붙어 있으면서 재능을 발휘할 기회를 찾고 있기도 했다. 이 이야기는 평원군의 식객으로 있던 모수(毛遂)와 관련된 것이다.

전국시대 말엽, 조(趙)나라가 서쪽 진(秦)나라의 침입에 시달리고 있을 때의 일이다. 조나라의 재상이었던 평원군은 혜문왕(惠文王)의 명령을 받고 원병을 요청하러 초나라로 떠나게 되었다. 길을 떠나기에 앞서 그는 수천 명의 식객 가운데에서 수행인 20명을 선발하려 했는데, 19명을 뽑고 나머지 한 사람의 인재를 선발하지 못하고 있었다. 이때 식객이 된 지 3년 간 별로 눈에 띈 적이 없던 모수라는 자가 자신을 데려가 달라고 요청했다. 그러나 평원군은 거절했다.

"재능이 뛰어난 사람은 '송곳이 주머니 속에 있는 것(囊中之錐)'처럼 아무리 숨으려 해도 뾰족하게 드러나는 법이오. 그런데 그대는 3년이나 내 밑에 머물고 있었는데 한번도 이름이 알려진 적이 없지 않소?"

이 말을 들은 모수는 물러나지 않고 오히려 자신 있게 말했다.

"그거야 저를 한 번도 주머니 속에 넣어주시지 않았기 때문이죠. 만약 주머니 속에 넣어주시기만 한다면 송곳 끝뿐 아니라 그 자루(柄)까지도 드러내 보이겠습니다."

이 재치 있는 답변에 만족한 평원군은 모수를 수행원으로 뽑았다.

초나라에서 결국 모수는 크게 활약하여 교섭을 진전시키는 데 공을 세웠으며, 그에 따라 춘신군이 이끄는 원군을 얻어내기에 이르렀다. 평원군은 그제야 자신이 사람을 알아보지 못했다고 자책했다고 한다.

▶**難中之難**(난중지난) : 어려움 중에 더욱 어려움이 있다는 말.

▶**南柯一夢**(남가일몽) : 꿈과 같이 헛된 한때의 부귀영화를 일컬음.

▶**難兄難弟**(난형난제) : 누구를 형이라 하고 누구를 동생이라 할지 분간하기가 어려움. 곧, 옳고 그름이나 우열을 가리기가 어렵다는 말.

▶**男負女戴**(남부여대) : 남자는 지고 여자는 이고 간다는 뜻으로, 가난한 사람이 떠돌아다니며 사는 것을 말함.

▶**內憂外患**(내우외환) : 나라 안팎의 근심 걱정.

문제 16

밑줄 친 부분과 관계가 깊은 한자 성어는?

> 松송根근을 베여 누어 풋줌을 얼풋 드니, 쑴애 혼 사름이 날드려 닐온 말이, 그딕룰 내 모르랴, 上샹界계예 眞진仙션이라. 黃황庭뎡經경 一일字즈룰 엇디 그릇 닐거 두고, 人인間간의 내려와셔 우리룰 또로눈다. 져근덧 가디 마오. 이 술 혼 잔 머거 보오. 北븍斗두星셩 기우려 滄창海히水슈 부어 내여, 저 먹고 날 머겨놀 서너 잔 거후로니, 和화風풍이 習습習습ᄒᆞ야 兩냥腋익을 추혀 드니, 九구萬만里리 長댱空공애 져기면 놀리로다. 이 술 가져다가 四亽海히예 고로 논화, <u>億억萬만 蒼창生성을 다 醉취케 밍근 後후의</u>, 그제야 고텨 맛나 또 흔 잔 ᄒᆞ쟛고야. 말 디자 鶴학을 트고 九구空공의 올나가니, 空공中듕 玉옥簫쇼 소리 어제런가 그제런가. 나도 줌을 꾀여 바다흘 구버보니, 기픠롤 모르거니 ᄀᆞ인들 엇디 알리. 明명月월이 千쳔山산 萬만落낙의 아니 비쵠 딕 업다.

① 풍월주인(風月主人) ② 선공후사(先公後私) ③ 선우후락(先憂後樂)
④ 비몽사몽(非夢似夢) ⑤ 취생몽사(醉生夢死)

Guide: 백성이 걱정하는 것을 먼저 걱정하고, 백성이 즐거움을 누린 뒤에야, 즐거움을 누림.

정답 80쪽   문제35정답 ①

難	어려울	난	隹부	총획수 19	難					
	필순:	艹 甘 薁 難 難								
兄	맏	형	儿부	총획수 5	兄					
	필순:	丨 冂 口 兄 兄								
難	어려울	난	隹부	총획수 19	難					
	필순:	艹 甘 薁 難 難								
弟	아우	제	弓부	총획수 7	弟					
	필순:	丷 兯 肖 弟 弟								
南	남쪽	남	十부	총획수 9	南					
	필순:	十 冇 芇 南 南								
柯	가지	가	木부	총획수 9	柯					
	필순:	十 木 朾 柯 柯								
一	하나	일	제부수	총획수 1	一					
	필순:	一								
夢	꿈	몽	夕부	총획수 14	夢					
	필순:	艹 苎 䓼 夢 夢								
囊	주머니	낭	口부	총획수 22	囊					
	필순:	声 㕷 蠹 囊 囊								
中	가운데	중	丨부	총획수 4	中					
	필순:	丨 冂 口 中								
之	어조사	지	丿부	총획수 4	之					
	필순:	丶 ㇇ 之								
錐	송곳	추	金부	총획수 16	錐					
	필순:	牟 金 釒 釮 錐								
難	어려울	난	隹부	총획수 19	難					
	필순:	艹 甘 薁 難 難								
中	가운데	중	丨부	총획수 4	中					
	필순:	丨 冂 口 中								
之	어조사	지	丿부	총획수 4	之					
	필순:	丶 ㇇ 之								
難	어려울	난	隹부	총획수 19	難					
	필순:	艹 甘 薁 難 難								

고사성어 풀이 및 유래

▶老馬之智(노마지지) : 산길에서 길을 잃고 괴로워할 때 늙은 말을 풀어 그 뒤를 따라가서 길을 찾아내었다는 고사에서 온 것으로, 어디에서고 배울 점이 있다면 대상이 어떻든간에 배워야 한다는 비유이다. 노마지교(老馬之敎)라고도 한다. 〈한비자(韓非子)〉의 '설림(說林)'편에 나온다. 제나라 환공(桓公)의 재상 관중(管仲)은 어느 봄날 대부 습붕(隰朋)과 함께 환공을 따라 고죽(孤竹)이란 나라를 정벌하기 위해서 행군한 적이 있었다. 겨울까지 오래 끄는 싸움이었는데, 도중에서 길을 잃고 말았다. 이때 관중이 말했다.

"이런 때에 늙은 말의 지혜를 써야 합니다(老馬之智可用也)."

그리하여 말을 풀어 그 말이 가는 곳을 따라감으로써 위기에서 탈출할 수 있었다.

또 어느 땐가는 산속을 거닐다가 마실 물이 떨어졌다. 이때 습붕이 이렇게 말했다.

"개미는 겨울에 산의 양지 쪽에 살고 여름에는 북쪽 그늘에 있는 법입니다. 그리고 개미집이 땅 위 한 치 높이에 있으면 그 여덟 자 밑에는 반드시 물이 있습니다."

물론 그 말대로 개미집을 찾아 땅을 파서 물을 얻을 수가 있었다. 한비자는 이 이야기를 하고는 그 끝에 이렇게 설명을 덧붙였다.

"관중이나 습붕처럼 성인이란 말을 듣고 지혜가 깊다는 소문이 난 사람도 자기가 모르는 것, 미치지 않는 것이 있으면 늙은 말이나 개미일지라도 수치를 느끼지 않고 길잡이로 삼아 선생으로 모신다. 그러나 오늘날의 사람들은 잘 알지도 못하면서 고대 성인의 지혜를 스승삼아 배우려 하지 않으니 얼마나 어리석은 일인가."

배우는 데 있어서는 관중이나 습붕처럼 겸손해야 한다. 또 열심히 배울 점을 발견해 내야 한다. 늙은 말이건 하찮은 미물이건 간에 배울 점은 배워야 한다.

▶怒甲移乙(노갑이을) : 갑에게서 당한 노여움을 을에게 화풀이 함.

▶路柳墻花(노유장화) : 누구든지 꺾을 수 있는 길가의 버들과 담밑의 꽃. 곧, 노는 계집이나 창부(娼婦)를 말함.

▶勞心焦思(노심초사) : 마음으로 애를 써 속을 태움을 말함.

▶綠衣紅裳(녹의홍상) : 연두 저고리에 다홍치마. 곧, 젊은 여자의 곱게 차린 치장한 복색.

▶論功行賞(논공행상) : 공로를 평가하여 상을 주거나 표창함.

문제 17

다음 글과 관계가 깊은 한자 성어는?

> 군(君)은 어비여,
> 신(臣)은 ᄃᆞᅀᆞ샬 어싀여,
> 민(民)ᄋᆞᆫ 얼혼 아ᄒᆡ고 ᄒᆞ샬디
> 민(民)이 ᄃᆞᄅᆞᆯ 알고다.

① 군위신강(君爲臣綱)
② 부위부강(夫爲婦綱)
③ 부위자강(父爲子綱)
④ 장유유서(長幼有序)
⑤ 부자유친(父子有親)

Guide
임금과 신하와의 근본 관계.

정답 78쪽   문제34정답 ①

勞	힘쓸 로	力부	총획수 12	勞						
	필순: ´ ⺌ 炏 熒 勞 勞									
心	마음 심	제부수	총획수 4	心						
	필순: ´ 心 心 心									
焦	탈 초	火부	총획수 12	焦						
	필순: ´ 亻 亻 隹 焦									
思	생각 사	心부	총획수 9	思						
	필순: 田 田 田 思 思									
路	길 로	足부	총획수 13	路						
	필순: ⻊ 趵 趵 路 路									
柳	버들 류	木부	총획수 9	柳						
	필순: 木 朷 朷 柳 柳									
墻	담 장	土부	총획수 16	墻						
	필순: 圵 圤 塔 墻 墻									
花	꽃 화	艸부	총획수 8	花						
	필순: ´ 艹 花 花 花									
老	늙을 로	제부수	총획수 6	老						
	필순: ´ 耂 耂 耂 老									
馬	말 마	제부수	총획수 10	馬						
	필순: 厂 肀 严 馬 馬									
之	어조사 지	丿부	총획수 4	之						
	필순: ´ ⺈ 之									
智	슬기 지	日부	총획수 12	智						
	필순: ´ 矢 知 智 智									
怒	성낼 노	心부	총획수 9	怒						
	필순: ㇊ 女 奴 怒 怒									
甲	갑옷 갑	田부	총획수 5	甲						
	필순: 丨 冂 口 日 甲									
移	옮길 이	禾부	총획수 11	移						
	필순: ´ 千 禾 移 移									
乙	새 을	제부수	총획수 1	乙						
	필순: 乙									

고사성어 풀이 및 유래

▶**累卵之危**(누란지위) : 알을 쌓아놓은 위기. 곧, 언제 흘러내려 깨어질지 모르는 아주 위태로운 형세를 말한다. 전국시대 때의 유세객(遊說客) 범수(范雎)의 말 가운데 나온 것으로서, 〈사기〉 '범수전(范雎傳)'에 기록되어 있다.

전국시대 위(魏)나라의 한 가난한 집에서 태어난 범수는 어지러운 열국(列國)을 누비며 종횡가(縱橫家)로서 활약할 꿈을 갖고 있었으나, 세족고문(細族孤門) 출신인 그에게는 기회조차 쉽게 주어지지 않았다. 어찌어찌 노력한 끝에 그는 간신히 위나라 중대부(中大夫) 수고(須賈)의 수행원이 되어 제(齊)나라에 함께 가게 되었다. 그런데 막상 제나라에 도착하자 범수의 능력이 수고보다 더 높은 것으로 인정되어 환대를 받았다. 이에 심기가 불편해진 수고는 귀국한 후 위나라 재상에게 '범수가 제나라와 내통하고 있다'고 헐뜯었다.

결국 범수는 모진 고문을 당한 끝에 초죽음이 되어 거적에 말린 채 측간(변소)에 버려졌으나, 옥졸을 꾀어 간신히 탈옥에 성공했다. 그후 범수는 이름을 장록(張祿)이라 바꾸고 후원자인 정안평(鄭安平)의 집에 은거하며 때를 기다렸다. 마침 진(秦)나라에서 사신이 오자 정안평은 사신 왕계(王稽)를 찾아가 장록을 데려가라고 권고했다. 왕계는 정안평의 말을 믿고 은밀히 장록을 데리고 진나라로 돌아갔다. 이윽고 왕계는 소양왕(昭襄王)을 만나 장록을 추천했다.

"전하, 위나라의 장록은 천하의 종횡가입니다. 그는 진나라의 현상황을 보고서는 '알을 쌓아놓은 것처럼 위태롭다'고 하면서 자기를 기용하면 국태민안(國泰民安)을 이룩할 수 있을 것이라고 장담했습니다."

소양왕은 자국의 정치상황을 혹평하는 이 말에 기분은 상했지만 뛰어난 인재라는 말을 믿고 일단 그에게 작은 직책을 주어 일을 맡겼다. 범수는 이처럼 처음에는 소양왕의 주목을 받지 못했으나, 후에는 '원교근공책(遠交近攻策)' 등의 외교정책을 펴는 등 뛰어난 활약을 보여 진나라를 크게 발전시켰다.

▶**弄假成眞**(농가성진) : 장난삼아 한 것이 진심으로 한 것 같이 되다.

▶**多岐亡羊**(다기망양) : 달아난 양을 찾는 사람이 여러 갈래의 길에 이르러 마침내 양을 잃었다는 뜻. ① 학문의 길이 너무 다방면으로 갈리어 진리를 얻기 어려움. ② 방침이 많아서 도리어 갈 바를 모름.

▶**多多益善**(다다익선) : 많을수록 좋음.

▶**多事多難**(다사다난) : 여러 가지로 일이 많은데다 어려움도 많음.

▶**斷機之戒**(단기지계) : 학문을 중도에서 그만두는 것은 마치 '짜던 베의 날을 끊어 버리는 것과 같이 아무런 공이 없다'는 뜻.

문제 18

다음 글에서 조부가 덕기에게 우려 하는 바를 바르게 표현한 한자 성어는?

> 사랑에서 조부가 뒷짐을 지고 들어오며 덕기를 보고, "애, 누가 찾아왔나 보다. 그 누구냐? 대가리꼴 하고……. 친구를 잘 사귀어야 하는 거야. 친구라고 찾아온다는 것이 왜 모두 그 따위 뿐이냐?" 하고 눈살을 찌푸리는 못마땅하다는 잔소리를 하다가, 아범이 꾸리는 이불로 시선을 돌리며, 놀란듯이, "얘, 얘, 그게 뭐냐? 그게 무슨 이불이냐?"
> 하며 가서 만져 보다가,
> "당치 않은! 삼동주 이불이 다 뭐냐? 주속이란 내 낫세나 되어야 몸에 걸치는 거야."

① 근묵자흑(近墨者黑)　② 오비이락(烏飛梨落)　③ 타산지석(他山之石)
④ 부화뇌동(附和雷同)　⑤ 용두사미(龍頭蛇尾)

Guide 좋지 못한 친구를 사귀면 악에 물들게 된다는 뜻.

정답 76쪽　문제33정답 ①

多	많을	다	夕부	총획수 6	多					
	필순: ク夕多多多									
多	많을	다	夕부	총획수 6	多					
	필순: ク夕多多多									
益	더할	익	皿부	총획수 10	益					
	필순: 兯쏘쏘益益									
善	착할	선	口부	총획수 12	善					
	필순: 羊羊差善善									
多	많을	다	夕부	총획수 6	多					
	필순: ク夕多多多									
岐	갈림길	기	山부	총획수 7	岐					
	필순:丨山屵屹岐									
亡	망할	망	亠부	총획수 3	亡					
	필순: 丶亠亡									
羊	양	양	제부수	총획수 5	羊					
	필순: 丷羊羊羊羊									
累	묶을	루	糸부	총획수 11	累					
	필순: 田甲累累累									
卵	알	란	卩부	총획수 7	卵					
	필순: 𠃌月卯卯卵									
之	어조사	지	丿부	총획수 4	之					
	필순: 丶ㄱ之									
危	위태할	위	卩부	총획수 6	危					
	필순: 夕夕产产危									
弄	희롱할	롱	廾부	총획수 7	弄					
	필순: 一丅王玉弄									
假	거짓	가	人부	총획수 11	假					
	필순: 亻作𠋴假假									
成	이룰	성	戈부	총획수 7	成					
	필순: 厂厂成成成									
眞	참	진	目부	총획수 10	眞					
	필순: 匕𠂉曺直眞									

고사성어 풀이 및 유래

▶螳螂拒轍(당랑거철) : 사마귀가 버티고 서서 수레바퀴를 가로막는다는 뜻. '당랑'은 사마귀를 뜻하고 '거철'은 그 사마귀가 긴 앞발을 쳐들고 수레를 막고 선 모양을 말한다. 이 말은 자신의 힘을 헤아리지 못하고 강적에게 덤벼드는 무모한 행동을 비유하거나, 허세를 떠는 것을 비유한다. 사마귀가 먹이를 공격할 때 앞발을 머리 위로 치켜든 모양이 마치 도끼를 휘두르는 모습과 흡사한 데서 나온 당랑지부(螳螂之斧 : 사마귀의 도끼발)라는 말과 당랑당거(螳螂螳車 : 사마귀가 수레를 대적하려 함), 당랑지력(螳螂之力 : 사마귀의 힘)이라는 말들도 다 같은 뜻으로 쓰인다. 〈문선(文選)〉, 〈장자(莊子)〉 '천지(天地)', 〈한시외전(韓詩外傳)〉 등에 보인다.

춘추시대 제나라 장공(莊公 : B.C. 794~731)이 어느 날 수레를 타고 사냥길에 나섰다. 도중에 장공은 웬 벌레 한 마리가 덩치에 비해 유난히 큰 앞발을 휘두르며 수레를 향해 덤벼드는 것을 보았다.

"허허, 그 놈 참 맹랑하군. 대체 저게 무슨 벌레인가?"

장공의 물음에 수행하던 신하가 대답했다.

"사마귀입니다. 저 놈은 앞으로 나아갈 줄만 알았지 물러설 줄을 모르며, 제 힘은 생각지 않고 적을 가볍게 아는 저돌적인 놈입니다."

그러자 장공은 고개를 끄덕이면서 이렇게 말했다.

"저 벌레가 만약 인간이라면 반드시 천하제일의 용사가 되었을 것이다."

그리고는 비록 미물이지만 그 용기가 가상하다고 칭찬하며 수레를 돌려 그를 피해 가도록 했다고 한다.

▶丹脣皓齒(단순호치) : 붉은 입술과 흰 이. 곧, 아름다운 여자의 얼굴.

▶堂狗風月(당구풍월) : 서당개 삼년에 풍월을 읊는다.

▶大器晚成(대기만성) : 큰 그릇은 이루어짐이 더디다는 말이니, 크게 될 사람은 늦게 이루어진다는 뜻.

▶大同小異(대동소이) : 거의 같고 조금 다름.

장자는 〈천하편〉에서 묵가(墨家)와 법가(法家)등의 학설의 논점을 비판하고 도가(道家) 사상을 선양한 다음 장자의 친구인 혜시(惠施)의 말을 인용하여 이를 비판하는데 혜시의 말 가운데 '하늘은 땅보다도 낮고 산은 연못보다 평평하다. 해는 장차 중천에 뜨지만 장차 기울어지고 만물은 장차 태어나지만 장차 죽는다. 크게 보면 한가지이지만 작게 보면 각각 다르니(大同小異) 이것을 소동이(小同異)라고 말한다. 만물은 모두 같고 또 모두 다르니 이것을 대동이(大同異)라고 말한다.'

▶徒勞無功(도로무공) : 한갓 헛되게 애만 쓰고 아무 보람이 없음.

문제 19
밑줄 친 부분에 어울리는 한자 성어는?

"이건 너희들이 알 바 아니다. 대체로 남에게 무엇을 빌리러 오는 사람은 으레 <u>자기 뜻을 대단히 선전하고, 신용을 자랑하면서도 비굴한 빛이 얼굴에 나타나고, 말을 중언부언하게 마련이다.</u> 그런데 저 객은 형색은 허술하지만, 말이 간단하고, 눈을 오만하게 뜨며, 얼굴에 부끄러운 기색이 없는 것으로 보아, 재물이 없어도 스스로 만족할 수 있는 사람이다. 그 사람이 해보겠다는 일이 작은 일이 아닐 것이매, 나 또한 그를 시험해 보려는 것이다. 안 주면 모르되, 이왕 만 냥을 주는 바에 성명은 물어 무엇을 하겠느냐?"

① 마이동풍(馬耳東風)
② 교언영색(巧言令色)
③ 자화자찬(自畵自讚)
④ 언어도단(言語道斷)
⑤ 견강부회(牽强附會)

Guide
남에게 아첨하는 말과 태도를 나타내는 말.

정답 74쪽   문제32정답 ①

大	큰 대	제부수	총획수 3	大					
器	필순: 一 ナ 大			器					
晚	그릇 기	口부	총획수 16	晚					
成	필순: 吅 吅 哭 器 器			成					
堂	늦을 만	日부	총획수 11	堂					
狗	필순: 日 旷 晚 晚 晚			狗					
風	이룰 성	戈부	총획수 7	風					
月	필순: 厂 厅 成 成 成			月					
螳	집 당	土부	총획수 11	螳					
螂	필순: 丷 ⺍ 尚 堂 堂			螂					
拒	개 구	犬부	총획수 8	拒					
轍	필순: 丿 犭 犭 狗 狗			轍					
丹	바람 풍	제부수	총획수 9	丹					
脣	필순: 几 凧 凨 風 風			脣					
皓	달 월	제부수	총획수 4	皓					
齒	필순: 丿 刀 月 月			齒					
	사마귀 당	虫부	총획수 17						
	필순: 虫 螛 螳 螳 螳								
	사마귀 랑	虫부	총획수 16						
	필순: 虫 蛃 蜋 螂 螂								
	막을 거	扌부	총획수 8						
	필순: 扌 扌 扫 拒 拒								
	바퀴자국 철	車부	총획수 19						
	필순: 車 軩 軩 轍 轍								
	붉을 단	丶부	총획수 4						
	필순: 丿 刀 月 丹								
	입술 순	肉부	총획수 11						
	필순: 厂 厈 辰 脣 脣								
	흴 호	白부	총획수 12						
	필순: 白 白 旷 皓 皓								
	이 치	제부수	총획수 15						
	필순: 上 齿 茵 齒 齒								

고사성어 풀이 및 유래

▶**道聽塗說**(도청도설) : 길에서 듣고 길에서 말해버린다는 뜻. 이는 좋은 말을 듣고 나서 마음에 간직한 후 실천에 옮기지 않고 그대로 길에서 흘려버리는 폐단을 지적한 말이다. 〈논어〉 '양화(陽貨)'편에 나오는 말이다.

공자(孔子)는 이렇게 말했다.
'길에서 듣고 길에서 말하면 덕(德)을 버리는 것이다.'
(子曰 道聽而塗說 德之棄也)

이는 비록 좋은 말을 들었다 하더라도 스스로 실천에 옮기지 않으면 그 덕을 버리는 것과 같다는 말이다. 곧, 선인(先人)들의 훌륭한 말과 행실을 많이 들었다 하더라도 그것을 자신의 덕을 기르는 데 쓰지 못하고, 길에서 듣고 길에서 흘려버린다면 스스로 덕(德)을 버리는 것과 같다는 뜻이다.

학문은 이처럼 구체적인 현실 속에서 실천으로 드러날 때 가치 있는 것이다. 공자가 '배우고 때로 익히면 또한 즐겁지 아니한가!(學而時習之 不亦說乎)'라고 한 것도 배움(學)과 실천(習)을 두 가지로 나누어서는 아니됨을 일러주는 것이다. 곧, 배운 것을 줄줄 외우기만 하거나 입으로만 떠들어봤자 자신의 덕을 함양하는 데는 아무런 도움이 되지 않는다는 것이다.

또 〈순자(荀子)〉 '권학(勸學)'편에도 이런 말이 있다.
'소인(小人)의 학문은 귀로 들으면 곧 입으로 빠져나가 조금도 마음에 담아두지 않는다. 입과 귀 사이, 네 치의 길이만을 통과할 뿐이니 어찌 7척의 몸을 훌륭하게 만들 수 있겠는가. 옛날에 학문을 닦던 사람은 스스로를 수양하기 위해 노력했는데, 요즘 사람들은 배운 것을 곧 남에게 말해버리고 자기의 것으로 삼으려고는 하지 않는다. 군자의 학문이 자기 자신을 아름답게 만드는 것에 반하여, 소인의 학문은 도리어 사람을 망친다.'

이는 말 많은 사람의 깊이가 없음을 경계한 말이다.

▶**獨不將軍**(독불장군) : 혼자서는 장군이 못 된다는 뜻으로, 혼자 잘난 척 뽐내다가 따돌림을 받는 외로운 사람.

▶**獨也靑靑**(독야청청) : 홀로 푸르름. 홀로 높은 절개를 드러내고 있음.

▶**同價紅裳**(동가홍상) : 같은 값이면 다홍치마의 뜻으로, 같은 값이면 품질이 좋은것을 택한다는 말.

▶**同苦同樂**(동고동락) : 괴로우나 즐거우나 함께 함.

▶**東奔西走**(동분서주) : 사방으로 이리저리 바삐 쏘다님. 동 東馳西走(동치서주)

▶**言中有骨**(언중유골) : 말 속에 뼈가 있음. 곧, 말의 외양은 예사롭고 순한듯 하나 단단한 뼈같은 속뜻이 있다는 뜻.

문제 20

밑줄 친 부분과 의미가 통하는 한자 성어는?

> 허생이 탄식하면서, "이제 나의 조그만 시험이 끝났구나."
> "가지 않으면 오는 이도 없으렸다."하고 돈 오십만 냥을 바다 가운데 던지며,
> "바다가 마르면 주워 갈 사람이 있겠지. 백만 냥은 우리 나라에도 용납할 곳이 없거늘, 하물며 이런 작은 섬에서랴!"
> 했다. 그리고 글을 아는 자들을 골라 모조리 함께 배에 태우면서,
> "<u>이 섬에 화근을 없애야 되지.</u>" 했다.

① 식자우환(識字憂患) ② 언중유골(言中有骨) ③ 양두구육(羊頭狗肉)
④ 안빈낙도(安貧樂道) ⑤ 십시일반(十匙一飯)

정답 72쪽

Guide
학식이 있는 것이 도리어 근심을 사게 된다는 한자성어.

문제 31정답 ①

同	한가지 **동**	口부	총획수 6	同					
	필순: 丨 冂 冋 同 同 同								
苦	괴로울 **고**	艸부	총획수 9	苦					
	필순: 艹 䒑 苎 苦 苦								
同	한가지 **동**	口부	총획수 6	同					
	필순: 丨 冂 冋 同 同 同								
樂	즐거울 **락**	木부	총획수 15	樂					
	필순: 白 自 㹻 樂 樂								
獨	홀로 **독**	犬부	총획수 16	獨					
	필순: 犭 犭 犸 獨 獨								
也	어조사 **야**	乙부	총획수 3	也					
	필순: 丆 也 也								
青	푸를 **청**	제부수	총획수 8	青					
	필순: 丰 丰 青 青 青								
青	푸를 **청**	제부수	총획수 8	青					
	필순: 丰 丰 青 青 青								
道	길 **도**	辵부	총획수 13	道					
	필순: 䒑 苩 首 首 道								
聽	들을 **청**	耳부	총획수 22	聽					
	필순: 耳 聵 聽 聽 聽								
塗	진흙 **도**	土부	총획수 13	塗					
	필순: 氵 汵 涂 涂 塗								
說	말씀 **설**	言부	총획수 14	說					
	필순: 言 言 訟 說 說								
獨	홀로 **독**	犬부	총획수 16	獨					
	필순: 犭 犭 犸 獨 獨								
不	아닐 **불**	一부	총획수 4	不					
	필순: 一 丆 不 不								
將	장수 **장**	寸부	총획수 11	將					
	필순: 丬 爿 牁 牂 將								
軍	군사 **군**	車부	총획수 9	軍					
	필순: 冖 罕 冒 軍 軍								

고사성어 풀이 및 유래

▶同病相憐(동병상련) : 같은 병을 앓는 사람끼리 서로 가엾게 여긴다는 뜻. 어려운 처지에 있는 사람끼리 서로 동정하고 돕는다는 말로 우리말 속담에 '과부 사정 홀아비가 안다'라는 것과 같은 말. 〈오월춘추(吳越春秋)〉 '합려내전(闔閭內傳)'에 나오는데 오자서(伍子胥)와 관련된 고사이다.

전국시대의 전략가 오자서는 아버지 오사(伍奢)와 형이 간신 비무기(費無忌)의 모함으로 처형당하자 복수를 맹세하며 다른 나라로 도망쳤다. 그 뒤 오자서는 초나라의 태자가 송나라에 망명했다는 말을 듣고 그곳으로 갔으나 얼마 뒤 정나라에 태자가 죽임을 당하자 오나라로 도망쳤다.

오나라에 도착한 오자서는 오의 장수로 있던 공자(公子) 광(光)을 도와 오왕으로 즉위시킨 다음 요직을 차지하고 국사를 담당했다. 얼마 후 초나라에서 백비(伯嚭)가 화를 피해 오나라로 도망해 왔다.

그런데 오자서는 그를 오왕 합려에게 추천하여 중용하게 했다. 그러자 오자서와 가까웠던 피리(被離)라는 대부가 이렇게 말하면서 그의 추천을 비난했다.

"백비의 눈매는 매와 같고 걸음걸이는 호랑이와 같으니 이는 필시 살인할 악상(惡相)입니다. 그런데 당신은 어째서 그런 인물을 천거했습니까?"

그러자 오자서는 이렇게 대답했다.

"별다른 까닭은 없습니다. 하상가(河上歌)에도 '동병상련 동우상구(同病相憐 同憂相救 : 같은 병을 앓는 사람끼리 서로 불쌍히 여기고, 같은 근심거리 갖고 있는 사람끼리 서로 구제해 준다)'라는 말이 있지 않습니까. 같은 처지에 있는 백비를 돕는 것은 당연한 일이 아니겠소."

그후 오자서와 백비는 합려의 명령으로 초나라를 공격, 대승을 거두었다. 이로써 오자서는 마침내 아버지와 형의 원수를 갚을 수 있었지만 그후 앞서 피리가 예언했던 대로 월(越)나라에 매수된 백비의 계략에 의해 죽음을 당하고 말았다.

▶同床異夢(동상이몽) : 같은 잠자리에서 자면서 서로 다른 꿈을 꾼다는 뜻. 곧, 같은 행동을 하면서도 속으로는 다른 생각을 한다는 뜻. 同 同床各夢(동상각몽)

▶同生共死(동생공사) : 서로 생사를 같이 함.

▶冬扇夏爐(동선하로) : 때에 맞지 않는 물건.

▶東征西伐(동정서벌) : 여러 나라를 이리 저리 정벌함.

▶登高自卑(등고자비) : ① 높은 곳에 오르려면 낮은 곳부터 밟아야 한다는 뜻으로, 곧, 모든 일을 하는데는 반드시 차례를 밟아야 한다는 말. ② 지위가 높아질수록 스스로를 낮춘다는 말.

문제 21 밑줄 친 부분과 같은 태도와 가장 어울리는 한자 성어는?

> 집로 가며 집로 오나니 집 우흿 져비오,
> 서로 親(친)ᄒᆞ며 서로 갓갑ᄂᆞ닌 묽 가온딧 골며기로다.
> 늘근 거지븐 죠히를 그려 쟝긔파ᄂᆞᆯ 밍ᄀᆞ라ᄂᆞᆯ,
> 져믄 아ᄃᆞᄅᆞᆫ 바ᄂᆞᄅᆞᆯ 두드려 고기 낫글 낙술 밍ᄀᆞᄂᆞ다.
> 한 病(병)에 엇고져 ᄒᆞ논 바는 오직 藥物(약물)이니,
> <u>져구맛 모미 이 밧긔 다시 므스글 求(구)ᄒᆞ리오.</u>

① 아전인수(我田引水) ② 자포자기(自暴自棄) ③ 유유자적(悠悠自適)
④ 침불안석(寢不安席) ⑤ 안분지족(安分知足)

Guide 자신의 처지에 만족할 줄아는 자세.

정답 70쪽   문제30정답 ④

漢字	訓	音	部首	총획수	필순
冬	겨울	동	冫부	5	ノ ク 夂 冬
扇	부채	선	戶부	10	一 厂 戶 扇 扇
夏	여름	하	夂부	10	一 丆 百 頁 夏
爐	화로	로	火부	20	ヽ 火 炉 爐 爐
同	한가지	동	口부	6	丨 冂 同 同 同
生	날	생	제부수		ノ ㅗ 牛 生
共	한가지	공	八부	6	一 卄 井 共 共
死	죽을	사	歹부	6	一 厂 歹 歹 死
同	한가지	동	口부	6	丨 冂 冂 同 同
病	병	병	疒부	10	一 疒 疒 病 病
相	서로	상	目부	9	十 木 机 相 相
憐	불쌍히여길	련	心부	15	忄 忄 怜 憐 憐
同	한가지	동	口부	6	丨 冂 同 同 同
床	평상	상	广부	7	广 广 庄 床 床
異	다를	이	田부	11	田 田 畀 畀 異
夢	꿈	몽	夕부	14	艹 苩 苗 夢 夢

고사성어 풀이 및 유래

▶**馬耳東風(마이동풍)**: 동풍(東風 : 봄바람)이 말의 귀를 스쳐간다는 뜻. 곧, 남이 말을 해주어도 귀담아 듣지 않고 그냥 흘려버리는 것을 비유하는 말이다. 충고를 들어도 전혀 받아들이지 않거나 남의 일에 상관하지 않음을 비유할 때 쓰인다. 마이춘풍(馬耳春風)이라고도 쓰며 우이독경(牛耳讀經 : 쇠귀에 경읽기), 대우탄금(對牛彈琴 : 소 앞에서 거문고 타기)등도 같은 말이다. 이 유명한 말은 이백(李白)의 장시(長詩) '답왕십이한야독작유회(答王十二寒夜獨酌有懷)' 가운데 나오는 구절에서 비롯되었다.

당나라의 시인 이백은 그의 친구 왕십이(王十二)로부터 '한야독작유회(寒夜獨酌有懷 : 추운 밤 홀로 술 마시며 감회에 젖어)'라는 시를 받자, 그 답시로 '답왕십이한야독작유회(왕십이의 寒夜獨酌有懷라는 시에 답하여)'라는 시를 지어 보냈다. 마이동풍은 그 두번째 수에 나온다. 곧,

……
세상 사람들은 이것을 듣고도 모두 머리를 흔드네(世人聞此皆掉頭)
마이 동풍이 말의 귀를 쏘는 것처럼(有如東風射馬耳)

동풍이란 산들산들 부는 봄바람이다. 그 부드러운 동풍이 말의 귀를 아무리 스쳐봤자 아플 리가 없다. '세상 사람들이 이것을 듣고'에서 '이것'은 곧 시인의 좋은 시(詩)나 부(賦) 등의 작품들을 말한다. 따라서 이 말은 '우리네 시인들이 아무리 걸작을 짓더라도 이 세상 사람들은 그것을 알아주지 않는다'라고 개탄한 것이다.

▶**燈下不明(등하불명)**: 등잔 밑이 어둡다는 뜻으로, 가까이 있는 것이 오히려 알아내기 어려움을 이르는 말.

▶**燈火可親(등화가친)**: 가을이 되어 서늘하면 밤에 등불을 가까이 하여 글 읽기에 좋다는 말.

▶**莫逆之友(막역지우)**: 아주 허물 없는 벗.

▶**萬卷讀破(만권독파)**: 만권이나 되는 책을 처음부터 끝까지 다 읽음을 뜻함.

▶**萬端說話(만단설화)**: 마음속에 서리고 서린 여러 가지 이야기.

▶**風樹之嘆(풍수지탄)**: 효도를 다하지 못하고 어버이를 여읜 자식의 슬픔을 이르는 말. '樹欲靜而風不止, 子欲養而親不待'에서 온 말.

▶**切齒腐心(절치부심)**: 몹시 분하여 이를 갈고 속을 썩임.

▶**勞心焦思(노심초사)**: 애를 쓰며 속을 태우는 것.

문제 22 다음 글에 나타난 시적 화자의 마음 상태를 표현 하기에 가장 적절한 것은?

> 구름이 프로니 새 더욱 히오,
> 뫼히 퍼러호니 곳 비치 블 븥는 둣도다
> 올봄이 본틴 또 디나가느니,
> 어느 나리 이 도라갈 히오.

① 수구초심(首邱初心) ② 동병상련(同病相憐)
③ 풍수지탄(風樹之嘆) ④ 절치부심(切齒腐心)
⑤ 노심초사(勞心焦思)

Guide
고향을 그리워 하는 마음을 비유한 말.

정답 68쪽 | 문제 29정답 ①

莫	말	막	艹부	총획수 11
	필순: 艹 芇 苩 莒 莫			
逆	거스릴	역	辵부	총획수 10
	필순: 亠 半 屰 逆 逆			
之	어조사	지	丿부	총획수 4
	필순: 丶 ㇇ 之			
友	벗	우	又부	총획수 4
	필순: 一 ナ 方 友			
燈	등잔	등	火부	총획수 16
	필순: 火 炒 炒 烧 燈			
火	불	화	제부수	총획수 4
	필순: 丶 丷 少 火			
可	옳을	가	口부	총획수 5
	필순: 一 丆 丙 口 可			
親	친할	친	見부	총획수 16
	필순: 辛 亲 亲 親 親			
馬	말	마	제부수	총획수 10
	필순: 厂 Π 耳 馬 馬			
耳	귀	이	제부수	총획수 6
	필순: 一 丆 F 耳 耳			
東	동녘	동	木부	총획수 8
	필순: 一 丙 車 東 東			
風	바람	풍	제부수	총획수 9
	필순: 几 同 風 風 風			
燈	등잔	등	火부	총획수 16
	필순: 火 炒 炒 烧 燈			
下	아래	하	一부	총획수 3
	필순: 一 丁 下			
不	아닐	불	一부	총획수 4
	필순: 一 丆 不 不			
明	밝을	명	日부	총획수 8
	필순: 冂 日 肌 明 明			

고사성어 풀이 및 유래

▶ **萬事休矣(만사휴의)** : 모든 일이 끝났다는 뜻. 모든 방법이 다 헛되게 되어서 달리 어떻게 해볼 길이 없을 때, 또는 뜻하지 않은 실패를 하여 되돌릴 길이 없을 때 흔히 쓰는 말이다. 〈송사(宋史)〉 '형남고씨세가(荊南高氏世家)'에 있는 말이다.

당(唐)나라가 멸망하고 송(宋)이 세워질 때까지 53년 동안을 중국 역사에서는 5대 10국이라고 부른다. 중원에서는 후량(後梁), 후당(後唐), 후진(後晉), 후한(後漢), 후주(後周)의 다섯 왕조가 어지럽게 교체되었으며(5代), 중원을 벗어난 각 지방에서는 전촉(前蜀), 오(吳), 남한(南漢), 형남(荊南), 오월(吳越), 초(楚), 민(閩), 남당(南唐), 후촉(後蜀), 북한(北漢) 등 열 나라가 각지에서 나라를 세워 침략을 한다든가 망한다든가 하는 난립상을 이루었다(10國). 그 무렵 형남이란 작은 나라의 이야기이다.

형남은 당말에 고계흥(高季興)이 절도사로 파견되고 나서부터 독립왕국을 형성한 나라인데, 후에 송나라 태조에게 영토를 바치고 망해버린다. 그 원인을 만든 사람이 계흥의 아들 종회(從誨)와 손자 보욱(保勖)이었다. 보욱은 어렸을 때부터 병약하여 부친 종회는 그를 매우 가엾게 여겼다. 그래서 남달리 귀여워 했는데, 그 사랑이 분별없는 것이었다. 그래서 보욱은 남이 노한 얼굴로 쏘아보면 꼭 웃기를 잘했다. 이 사실을 안 백성들은 이렇게 생각했다.

'이제 모든 일이 끝장났다.(萬事休矣)'

제멋대로 자란 보욱은 왕위에 올라 사치와 음탕을 즐겼다. 정치는 문란해지고 국력은 쇠퇴해져 결국 형남은 57년 동안의 짧은 역사를 마감하고 멸망하였다. 형남 사람들이 '끝장났다'고 말한 것은 나라가 망할 징조를 예측한 것이 되고 말았다.

▶ **萬事亨通(만사형통)** : 모든 일이 뜻과 같이 잘 된다는 뜻.

▶ **萬事紅葉(만사홍엽)** : 단풍이 들어 온 산이 붉은 잎으로 뒤덮임을 뜻함.

▶ **晩時之歎(만시지탄)** : 기회를 놓쳐 뒤늦었음을 안타까워 하는 한탄. 동 後時之歎(후시지탄)

▶ **滿身瘡痍(만신창이)** : ① 온 몸이 상처 투성이가 됨. ② 사물이 성한 데가 없을만큼 결함이 많음.

▶ **罔極之恩(망극지은)** : 임금이나 부모님의 한 없는 은혜.

▶ **橫說竪說(횡설수설)** : 조리가 없이, 되는대로 이러쿵저러쿵 지껄임.

▶ **縱橫無盡(종횡무진)** : 자유자재하여 끝이 없는 상태.

▶ **破竹之勢(파죽지세)** : 대를 쪼개는 기세란 뜻으로, 감히 막을 수 없도록 거침없이 대적(大敵)을 물리치고 쳐들어 가는 기세를 이름.

문제 23

다음 ( ) 속에 들어갈 알맞은 한자 성어는?

> 그 옛날에 이야기의 종류는 다양해서 전래의 동화에서 부터 내가 잘 알 수 없는 나라에 이야기의 이르기까지 ( )이었다. 나는 커서 그 이야기들의 거의 대부분을 이책 저책에서 다시 확인할 수 있지만 물론 그 재미는 옛날만 못했다.

① 횡설수설(橫說竪說) ② 종횡무진(縱橫無盡)
③ 파죽지세(破竹之勢) ④ 천진난만(天眞爛漫)
⑤ 일목요연(一目瞭然)

Guide
한 눈에 분명하게 보이다의 뜻.

정답 66쪽   문제 28 정답 ②

字	訓	音	部首	총획수							
晚	늦을	만	日부	11	晚						
	필순: 日 旷 晚 晚 晚										
時	때	시	日부	10	時						
	필순: 日 旷 時 時 時										
之	어조사	지	丿부	4	之						
	필순: ' ㄣ 之										
歎	탄식할	탄	欠부	15	歎						
	필순: 艹 堇 萋 歎 歎										
滿	찰	만	水부	14	滿						
	필순: 氵 汁 汁 滿 滿										
身	몸	신	제부수	7	身						
	필순: ʹ 冂 身 身 身										
瘡	부스럼	창	疒부	15	瘡						
	필순: 广 疒 疔 痒 瘡										
痍	다칠	이	疒부	11	痍						
	필순: 广 疒 痍 痍 痍										
萬	일만	만	艹부	13	萬						
	필순: 艹 苗 萬 萬 萬										
事	일	사	亅부	8	事						
	필순: 一 亏 亊 事 事										
休	쉴	휴	人부	6	休						
	필순: 亻 仁 什 休 休										
矣	어조사	의	矢부	7	矣						
	필순: ㄙ 厶 矣 矣 矣										
萬	일만	만	艹부	13	萬						
	필순: 艹 苗 萬 萬 萬										
事	일	사	亅부	8	事						
	필순: 一 亏 亊 事 事										
亨	형통할	형	亠부	7	亨						
	필순: 一 亠 亩 亨 亨										
通	통할	통	辶부	11	通						
	필순: 龴 甬 甬 通 通										

고사성어 풀이 및 유래

▶**望洋之歎**(망양지탄) : 넓은 바다를 보고 탄식한다는 뜻. 곧, 남의 위대함에 감탄하면서 자신의 힘이 닿지 못함을 부끄러워하는 탄식이다. 〈장자(莊子)〉 '추수(秋水)' 편에서 유래된 말이다.

옛날 중국의 황하(黃河) 유역에는 그 물을 지키는 하백(河伯)이라는 물의 신(河神)이 살고 있었다. 어느날 아침 하백은 햇빛이 빛나는 누런 강물을 보고 이렇게 큰 강은 세상에 또 없을 것이라고 감탄하며 말했다. 그러자 옆에 있던 늙은 자라가 말했다.

"제가 듣기로는 해 뜨는 쪽에 북해(北海)라고 있는데, 이 세상의 모든 강이 그곳으로 흘러 들어간다고 합니다. 그러니 그 크기는 실로 황하의 몇 갑절이 되겠지요."

하백은 고개를 저으며 직접 눈으로 보기 전에는 믿을 수 없다고 하였다.

이윽고 가을이 와서 황하는 연일 쏟아지는 비로 인해 강물이 몇갑절 불어났다. 그것을 바라보던 하백은 문득 예전에 자라가 했던 말이 생각났다. 그래서 이 기회에 북해를 한번 보기로 하고 길을 나섰다.

하백이 북해에 이르자 해신(海神)인 약(若)이 그를 맞이하며 거울같은 드넓은 바다를 보여주었다. 하백도 그 크기에 압도되어 입이 떡 벌어졌다. 그는 세상을 모르고 살아온 자신이 부끄러워 약에게 고백했다.

"나는 북해가 크다는 말을 들었지만 이제까지는 믿지 않았습니다. 지금 여기와 보지 않았다면 나의 소견이 짧았다는 것을 깨닫지 못했을 겁니다."

그러자 북해의 신은 웃으며 이렇게 말했다.

"우물 안의 개구리에게는 바다에 대해서 말할 수 없고 여름 한철 사는 매미에게는 얼음에 대해서 말할 수 없는 법이라오. 다 자기가 살고 있는 곳, 살고 있는 계절밖에는 알 수 없기 때문이지. 지금 당신은 바다를 보고 나서 식견이 좁은 줄 알았다니 이제 당신과는 큰 도리를 말할 수 있겠소이다."

이 우화에서 크고 넓은 바다를 바라보며 자신의 소견이 좁은 것을 알고서 탄식하는 '망양지탄'이라는 말이 나왔다. 사람은 다 제가 알고 있는 것, 제가 본 것이 다인 줄 알기 마련이다. 그렇게 좁은 세상 속에 갇혀서 으스대고 있다가는 정작 큰 세상을 만났을 때, 이전의 자신이 한없이 부끄러워질 것이다.

▶**亡羊補牢**(망양보뢰) : 소 잃고 외양간 고친다. 곧, 일이 다 틀린 뒤에 손을 쓴들 소용이 있겠느냐의 뜻.

▶**茫然自失**(망연자실) : 정신을 잃고 어리둥절 함.

▶**望雲之情**(망운지정) : 자식이 부모를 그리워하는 마음

▶**忙中有閑**(망중유한) : 바쁜 가운데도 또한 한가한 짬이 있음을 뜻함.

▶**賣官賣職**(매관매직) : 돈이나 재물을 받고 버슬을 시킴.

문제 24

밑줄 친 부분과 의미가 통하는 한자 성어는?

> 噫(희)라, 舊來(구래)의 抑鬱(억울)을 宣暢(선창)하려 하면, 時下(시하)의 苦痛(고통)을 擺脫(파탈)하려 하면, 將來(장래)의 脅威(협위)를 <u>芟除(삼제)</u>하려 하면, 民族的(민족적) 良心(양심)과 國家的(국가적) 廉義(염의)의 壓縮銷殘(압축 소잔)을 興奮伸張(흥분 신장)하려 하면, 各個(각개) 人格(인격)의 正當(정당)한 發達(발달)을 遂(수)하려 하면, 可憐(가련)한 子弟(자제)에게 苦恥的(고치적) 財産(재산)을 遺與(유여)치 안이하려 하면, 子子孫孫(자자손손)의 永久完全(영구 완전)한 慶福(경복)을 導迎(도영)하려 하면, 最大急務(최대 급무)가 民族的(민족적) 獨立(독립)을 確實(확실)케 함이니,

① 발본색원(拔本塞源) ② 분골쇄신(粉骨碎身) ③ 주마가편(走馬加鞭)
④ 와신상담(臥薪嘗膽) ⑤ 파죽지세(破竹之勢)

Guide
풀의 싹을 베어 싹없애 버린다는 뜻.

정답 64쪽   문제 27 정답 ①

望	바랄	망	月부	총획수 11	望					
	필순: 亡 切 朗 望 望									
雲	구름	운	雨부	총획수 12	雲					
	필순: 宀 帀 雪 雪 雲									
之	어조사	지	丿부	총획수 4	之					
	필순: ㇀ ㇗ 之									
情	뜻	정	心부	총획수 11	情					
	필순: 忄 忄 情 情 情									
茫	아득할	망	艸부	총획수 10	茫					
	필순: 艹 艾 茫 茫 茫									
然	그럴	연	火부	총획수 12	然					
	필순: ク 夕 夕 狀 然									
自	스스로	자	제부수	총획수 6	自					
	필순: ' 亻 自 自 自									
失	잃을	실	大부	총획수 5	失					
	필순: ' 一 二 失 失									
望	바랄	망	月부	총획수 11	望					
	필순: 亡 切 朗 望 望									
洋	큰바다	양	水부	총획수 9	洋					
	필순: 氵 氵 汒 洋 洋									
之	어조사	지	丿부	총획수 4	之					
	필순: ㇀ ㇗ 之									
歎	탄식할	탄	欠부	총획수 15	歎					
	필순: 廿 茣 萁 歎 歎									
亡	망할	망	亠부	총획수 3	亡					
	필순: ' 一 亡									
羊	양	양	제부수	총획수 6	羊					
	필순: ' 丷 羊 羊 羊									
補	기울	보	衣부	총획수 12	補					
	필순: 衤 衤 衦 補 補									
牢	우리	뢰	牛부	총획수 7	牢					
	필순: 宀 宀 宍 牢 牢									

고사성어 풀이 및 유래

▶**孟母三遷(맹모삼천)**: 맹자의 어머니가 세 번 이사하다. 곧, 맹자의 어머니가 맹자에게 좋은 교육환경을 만들어 주기위해 세 번 이사했다는 고사에서 비롯된 말로, 어머니의 지극한 교육열을 비유할 때, 또는 교육에는 무엇보다도 환경이 중요하다는 점을 비유할 때 쓰인다. '맹모삼천지교(孟母三遷之敎)'라고도 한다. 맹모단기(孟母斷機), 또는 맹모단기지교(孟母斷機之敎)와 같은 뜻으로 쓰인다.〈열녀전(烈女傳)〉'모의전(母儀傳)' 등에 전한다.

전국시대, 장강대하 같은 언변으로 제후들을 질타하며 왕도정치를 역설했던 유학자(儒學者)맹자는 공교롭게도 공자와 마찬가지로 어렸을 때 아버지를 여의고 홀어머니 손에서 엄격한 훈도를 받으며 자랐다.

맹자의 집은 처음에는 묘지의 근처에 있었는데, 어린 맹자가 일꾼들이 묘지를 파는 흉내를 내며 놀았다. 이래서는 안되겠다고 생각한 맹자의 어머니는 시장 근처로 이사갔다. 그러자 이번에는 물건을 파는 장사꾼 흉내를 내며 노는 것이었다. 이곳도 자기 아들에게 좋은 환경이 아니라고 생각한 어머니는 세 번째로 서당 근처로 옮겼다.

이곳에 와서야 맹자는 글공부하는 흉내를 내고, 또 서당에서 가르치는 대로 제구(祭具)를 늘어놓고 제사 지내는 예(禮)를 흉내내며 놀았다. 맹자의 어머니는 이곳이야말로 자식을 기르기에 더없이 좋은 곳이라는 것을 깨닫고는 비로소 안심하고 기뻐했다고 한다.

▶**麥秀之嘆(맥수지탄)**: 맥수란 보리가 무성하다는 뜻으로, 옛날에 번영하든 도읍에 보리가 무성하게 자란 것을 보고 고국에 멸망을 탄식했다는 일화에서 비롯된 성어이다.

우리는 역사에서 국파산하재(國破山河在)와 맥수지탄을 여러번 읊을 뻔한 민족이다. 특히, 동족상잔인 한국전쟁은 약 50년이 흐른 오늘에도 나이든 사람의 뇌리에 남아 있다. 우리만 통일을 못하고 대치상태에 있다. 맥수지탄을 부르지 않도록 온 국민이 경각해야 할 일이다.

▶**面從腹背(면종복배)**: 대면해서는 순종하는 척 하면서 속으로는 배반함을 뜻함.

▶**名實相符(명실상부)**: 이름과 실상이 서로 들어 맞음. 凹 名實相反(명실상반)

▶**明若觀火(명약관화)**: 불을 보는 것처럼 밝음.

▶**命在頃刻(명재경각)**: 거의 죽게 되어 숨이 곧 끊어질 지경에 이름. 곧, 목숨이 경각에 있음.

문제 25

밑줄 친 부분과 같은 의미를 지니고 있는 한자 성어는?

> 우리 나라에 한(漢)의 군현(郡縣)이 설치되면서 중국의 한자 문명이 막강한 영향력을 끼치기 시작한 이래 우리 나라 안에서 한자가 정착되어 광범위하게 통용된 결과, 우리말은 점점 한자어에 밀려났으며, 결국 고유한 우리말은 발전보다는 점차 위축되는 길을 걷게 되었다. 한글이 창제된 이후에도 예부터 사용되어 오던 정다운 우리말 가운데 한자어에 밀려 자취를 감춘 것이 <u>한둘이 아니다</u>. '뫼, 가람'같은 우리말 대신에 한자어 '山, 江'이 그 자리를 차지한 것을 대표적인 예로 흔히 들거니와, 이 밖에도 많은 예를 더 들 수 있다.

① 비일비재(非一非再) ② 어불성설(語不成說) ③ 일사천리(一瀉千里)
④ 조삼모사(朝三暮四) ⑤ 지호지간(指呼之間)

정답 62쪽

Guide
한 둘이 아니다의 한자 성어.

문제 26정답 ①

名實相符面從腹背孟母三遷麥秀之嘆

한자	훈음	부수	총획수	필순
名	이름 명	口부	6	ク夕夕名名
實	열매 실	宀부	14	宀宙寍實實
相	서로 상	目부	9	十木相相相
符	부신 부	竹부	11	⺮符符符符
面	낯 면	제부수	9	一ㄱ丏而面面
從	좇을 종	彳부	11	彳彷從從從
腹	배 복	肉부	13	月⺼腹腹腹
背	등 배	肉부	9	丬㐄非背背
孟	맏 맹	子부	8	子子孟孟孟
母	어미 모	毋부	5	乚口毌母母
三	석 삼	一부	3	一二三
遷	옮길 천	辵부	15	襾覀覂遷遷
麥	보리 맥	제부수	11	𠂇𠂉來麥麥
秀	빼어날 수	禾부	7	一千禾禿秀
之	어조사 지	丿부	4	丶㇇之
嘆	탄식할 탄	口부	14	嗞嘩嘆嘆

고사성어 풀이 및 유래

▶**明鏡止水(명경지수)** : 맑은 거울과 고요히 머물러 있는 물. 곧, 티없이 맑고 고요한 심경(心境)을 이르는 말이다. 〈장자(莊子)〉 '덕충부(德充符)'편에 실려 있는 말이다.

　공자의 고국이었던 노(魯)나라에 왕태(王駘)라는 학자가 있었다. 그는 일찍이 발을 잘리는 형벌을 받아 외짝 발만 있는 '올자(兀者 : 외짝다리)'였으나, 워낙 학식과 덕행이 훌륭하여 평판이 높았다. 그 문하에 모여드는 제자도 많아 공자(孔子)의 제자와 거의 맞설 정도였다. 공자의 제자인 상계(常季)는 그 점이 마음에 마땅치 않아 공자에게 불만을 토로했다.
　"스승님, 저 외다리는 어떤 인물입니까?"
　그러자 공자는 이렇게 대답해 주었다.
　"그 분은 천지자연의 실상(實相)을 환히 들여다보고, 바깥 물건(外物)에 끌려서 마음을 옮기는 일도 없고, 만물의 변화를 자연 그대로 받아들여 도(道)의 본원을 지키는 분이니라."
　"수양이 그렇게 깊다 하다고 해도 어째서 많은 사람들로부터 흠모를 받고 있는지 잘 모르겠습니다."
　"그것은 그의 마음이 무엇에도 흔들리지 않고 고요하기 때문이니라, 대개 사람들이 제 모습을 물에 비춰보려고 할 때에 흐르는 물보다 조용히 정지되어 있는 물을 거울로 삼을 것이다. 마찬가지로, 오직 언제나 변함없는 부동심(不動心)을 가진 사람이라면 남에게도 마음의 평안을 줄 수 있기 때문이니라."

이는 마음의 평정(平靜)한 상태를 고요히 머물러 있는 물(止水)에 비유한 것이다.
　이밖에도 〈장자〉에서는 현자(賢者)의 깨끗한 마음이나 지인(至人 : 지극한 덕을 가진 사람)의 차별없고 흔들리지 않는 마음씀을 명경에 비유하였다. ('덕충부'편, '應帝王'편)

▶**毛遂自薦(모수자천)** : 자기가 자기를 천거함. 조(趙)나라 평원군(平原君)이 초(楚)나라에 구원을 청하기 위하여 사자(使者)를 물색하는 중 모수(毛遂)가 자기 자신을 천거하였다는 고사에서 온 말.

▶**目不識丁(목불식정)** : 아주 무식한 것. 낫 놓고 기역자도 모름.

▶**目不忍見(목불인견)** : 차마 눈 뜨고 볼 수 없는 참상이나 꼴불견.

▶**武陵桃源(무릉도원)** : 신선이 살았다는 전설적인 중국의 명승지. 곧, 속세를 떠난 별천지를 뜻함.

▶**無不通知(무불통지)** : 무슨 일이든지 통하여 환히 앎.

▶**臥薪嘗膽(와신상담)** : 섶에 누워 쓸개를 씹는다는 뜻으로, 원수를 갚고자 고생을 참고 견딤을 비유하는 말.

문제 26
남북한 언어 이질의 대한 저자의 다음 태도를 잘 나타낸 한자 성어는?

　남북한의 언어가 많이 달라졌다고는 하더라도 아직은 이질적인 면보다는 공통적인 면이 더 많다. 특히, 글말의 경우, 약간의 차이점을 제외한다면 거의 비슷한 모습을 하고 있다. 이는 남북한 맞춤법이 모두 1933년에 제정된 한글 맞춤법 통일안에 뿌리를 두고 있기 때문이다. 이런 점들은 장차 남북한의 언어 통일을 위해서 매우 긍정적인 면이기도 하다. 이제 남북한의 언어 통일을 이룩할 수 있는 구체적인 방안들에 대해서도 진지하게 생각해 볼 때가 되었다.

① 유비무환(有備無患)　② 권토중래(捲土重來)　③ 와신상담(臥薪嘗膽)
④ 자승자박(自繩自縛)　⑤ 타산지석(他山之石)

Guide
남북한 언어 통일을 이룩할 수 있는 구체적 방안 모색의 필요성을 사전에 준비해야 한다는 뜻.

[정답 60쪽]　[문제25정답] ①

한자	훈음	부수	총획수	필순
目	눈 목	제부수	5	ㅣ 冂 月 目
不	아닐 불	一부	4	一 フ 不 不
忍	참을 인	心부	7	フ 刀 刃 忍 忍
見	볼 견	제부수	7	ㅣ 冂 月 目 見
目	눈 목	제부수	5	ㅣ 冂 月 目
不	아닐 불	一부	4	一 フ 不 不
識	알 식	言부	19	言 訁 諳 識 識
丁	고무래 정	一부	2	一 丁
明	밝을 명	日부	8	冂 日 旫 明 明
鏡	거울 경	金부	19	午 金 鈩 鎔 鏡
止	그칠 지	제부수	4	ㅣ ㅏ 止 止
水	물 수	제부수	4	亅 才 水 水
毛	털 모	제부수	4	一 三 毛
遂	드디어 수	辶부	13	八 豕 豕 家 遂
自	스스로 자	제부수	6	ㅣ 丨 冂 自 自
薦	천거할 천	艹부	17	艹 芦 芦 薼 薦

고사성어 풀이 및 유래

▶**刎頸之交**(문경지교) : 목을 베어줄 수 있을 정도로 절친한 사귐. 생사를 같이하여 목이 달아나도 변치 않을 깊은 우의를 뜻하는 말이다. 전국시대(戰國時代) 인상여(藺相如)와 염파(廉頗)사이의 우정에서 유래된 말로 〈사기〉'염파인상여열전(廉頗藺相如列傳)'등에 그 기사가 전한다.

전국시대, 조(趙)나라에 목현(繆賢)이라는 실력자의 후원을 받던 인상여(藺相如)라는 사람이 있었다. 일찍이 그는 진(秦)의 소양왕(昭襄王)에게 빼앗길뻔했던 명옥(名玉) 화씨지벽(和氏之璧)을 고스란히 가지고 돌아온 공 때문에 상대부(上大夫)로 임명되었다. 또 진의 소양왕과 조의 혜문왕(惠文王)이 민지(澠池)라는 곳에서 회합하게 되었는데, 인상여가 이에 배석했다. 인상여는 회담 후 베풀어진 연회에서 소양왕의 무례함을 나무라고 나서서 조나라와 혜문왕의 위신을 세웠다. 인상여는 그 공으로 상경(上卿)의 지위에 올랐다. 그런데 이때 조나라에는 염파라는 유명한 장수가 있었는데 인상여의 지위가 자신보다 높아지자 크게 분개했다.

"나는 전쟁터를 누비며 공을 세웠다. 그런데 입 놀린 것밖에 없는 인상여 따위가 내 위에 있게 되다니 분통이 터질 노릇이다. 내가 어찌 그런 놈 밑에 있겠는가. 언젠가 그에게 망신을 주겠다."

이 사실을 안 인상여는 되도록이면 염파를 피했다. 이같은 행동을 수치스럽게 여긴 부하가 그의 곁을 떠나겠다고 나섰다. 인상여는 자신의 곁을 떠나려는 부하를 만류하며 이렇게 말했다.

"자네는 진나라 소양왕이 더 무서운가, 아니면 염파가 더 무서운가?"

"물론 소양왕이 더 무섭지요."

"나는 그 진왕(秦王)까지도 질타한 사람이다. 그런 내가 염파 장군을 두려워 하겠는가? 생각해 보게. 지금 진나라가 조나라를 치지 못하는 것은 염파와 나 두 사람이 조나라에 있기 때문일세. 두 호랑이가 서로 싸우면 결국 모두 죽게 될 것이네. 내가 염파 장군을 피하는 것은 나라의 위기를 생각하여 사사로운 원한 같은 것은 뒷전으로 돌리고 있기 때문이네."

이 말을 전해들은 염파는 부끄러워 어찌할 바를 몰랐다. 그는 인상여의 집으로 찾아가 무릎을 꿇고 사죄하여 두 사람은 손을 맞잡고 기뻐했다. 그로부터 두 사람은 목이 달아나도 변치 않은 깊은 우정을 맺었다.

▶**無所不知**(무소부지) : 무엇이든지 모르는 것이 없음.

▶**無所不能**(무소불능) : 무엇이든지 능하지 않은 것이 없음.

▶**無我之境**(무아지경) : 마음이 어느 한곳으로 온통 쏠려 자신의 존재를 잊고 있는 경지

▶**無爲徒食**(무위도식) : 아무 하는일 없이 먹고 놀기만 함.

▶**聞一知十**(문일지십) : 한 가지를 들으면 열을 미루어 앎.

문제 27

밑줄 친 부분의 상황을 나타내기에 적절한 한자 성어는?

> "선학동 포구가 그새 모두 들판이 되었는데도 형편들은 그리 크게 나아지질 못한 것 같군요."
> 사내는 기둥하나 너머로 부엌일을 서둘러 대고 있는 아낙에게 방언스런 어조로 말하며, 혼자 술잔을 비워 내기 시작했다. 그런데 그 소리가 인연이 되어 사내와 아낙 사이에 오간 몇 마디가 뜻밖의 인물을 불러내고 있었다.

① 상전벽해(桑田碧海)
② 문전옥답(門前沃畓)
③ 금시초문(今時初聞)
④ 일취월장(日就月將)
⑤ 괄목상대(刮目相對)

[정답 58쪽]

Guide
곧, 바다가 육지로 변했다는 뜻.

[문제24정답] ①

漢字	뜻/음	부수	총획수	필순	쓰기						
無	없을 무	火부	12	ㅡ ㅌ 無 無 無	無						
我	나 아	戈부	7	ㅡ 千 手 我 我	我						
之	어조사 지	丿부	4	ㆍ ㄅ 之	之						
境	지경 경	土부	14	土 垃 培 培 境	境						
無	없을 무	火부	12	ㅡ ㅌ 無 無 無	無						
所	바 소	戶부	8	厂 戶 所 所 所	所						
不	아닐 불	一부	4	ㅡ ㄱ 不 不	不						
能	능할 능	肉부	10	ㅅ 台 育 能 能	能						
勿	목벨 문	刀부	6	丿 勹 勿 勿 刎	刎						
頸	목 경	頁부	16	巠 翌 頸 頸	頸						
之	어조사 지	丿부	4	ㆍ ㄅ 之	之						
交	사귈 교	亠부	6	亠 六 交 交	交						
無	없을 무	火부	12	ㅡ ㅌ 無 無 無	無						
所	바 소	戶부	8	厂 戶 所 所 所	所						
不	아닐 불	一부	4	ㅡ ㄱ 不 不	不						
知	알 지	矢부	8	ㅅ 矢 矢 知 知	知						

고사성어 풀이 및 유래

▶**尾生之信**(미생지신) : 미생의 신의. 앞뒤 재어보지 않는 막무가내의 어리석은 믿음이란 말로서, 미생이란 사나이가 신의를 지키다가 어리석게 죽고 만 고사에서 비롯되었다. 〈장자(莊子)〉 '도척(盜跖)'편과 〈사기(史記)〉 '소진전(蘇秦傳)' 등에 나오는데, 〈장자〉에는 비웃는 것으로, 〈사기〉에는 칭찬하는 것으로 소개되어 있다.

장자는 유교적인 윤리의식을 비판한다. 인의(仁義)니 하는 것이 인간 본래의 자연스러운 것이 아니라 억지로 인간을 재단하여 그 틀 속에 꿰맞추려는 것으로서, 인간의 삶에 해가 된다고 하는 것이다. 그와 같은 주장을 그의 책 〈장자〉 곳곳에서 볼 수 있는데, 여기 소개하는 내용도 그런 것이다. 그는 유교의 대표인 공자와 당시의 큰 도둑 도척(盜跖)과의 대화를 상정해 놓고, 도척의 입으로 자신의 주장을 편다. 도척의 말 가운데 미생의 신의에 대한 우화가 인용된다.

옛날 노(魯)나라에 미생이라는 사람이 있었다. 그의 이름은 고(高)였는데, 한 서생(書生)이었으므로 미생이라고 한다. 그는 매우 정직한 사람으로 한번 약속한 일이면 절대로 어기는 법이 없었다.

어느 날 그는 사랑하는 여인과 냇가의 다리 밑에서 만나기로 약속했다. 그는 약속한 시간에 조금도 어김없이 다리 밑으로 가서 여인을 기다렸다. 그런데 어찌된 일인지 약속 시간이 되어도 사랑하는 여인은 오지 않았다. 그러나 미생은 약속을 철석같이 믿었다. 어쨌든 자신만큼은 약속을 굳게 지킨다는 생각으로 약속된 자리에서 한시도 벗어나지 않고 서 있었다.

온다던 여인은 영 오지 않고 냇물이 슬슬 불어 올라오기 시작했다. 조숫물이 차오는 것이었다. 처음에는 미생의 발등을 적시더니 나중에는 무릎까지 올라왔다. 미생은 차오르는 물이 야속했지만 그래도 자리를 뜰 줄 몰랐다. 드디어는 다리의 기둥을 붙잡고 간신히 매달릴 수밖에 없었다. 물이 목까지 차올랐지만, 미생은 이를 악물고 버텼다. 그러다 결국 미생은 물에 빠져 죽고 말았다.

▶**門前成市**(문전성시) : 권세가 드날리거나 부자가 되어 집 문 앞에 찾아오는 손님들로 마치 시장을 이룬 것 같음.

▶**門前沃畓**(문전옥답) : 집 앞 가까이에 있는 기름진 논. 곧, 많은 재산을 일컫는 말.

▶**物我一體**(물아일체) : 외물(外物)과 자아(自我), 객관과 주관, 또는 물계(物界)와 심계(心界)가 한데 어울려 한 덩어리가 됨.

▶**物外閒人**(물외한인) : 세상 물정에 관여하려 하지 않고 한가롭게 지내는 사람을 이름.

▶**微官末職**(미관말직) : 지위가 아주 낮은 벼슬.
同 微末之職(미말지직)

문제 28

다음 (　　) 속에 들어 가기에 적당한 한자 성어는?

"그러니께 지금부터 한 삼십년 전 내가 이집에서 술 심부름을 하고 지내던 시절이었소."
주인은 이제 앞뒤 사정을 제쳐놓고 단도 직입적으로 어렸을 적 이야기를 꺼내고 있었다. 손으로선 다소 갑작스런 이야기가 아닐 수 없었다. 하지만 주인이 (　　　　)하고 어렸을 적 얘기를 꺼내고 있는 것처럼, 손 쪽도 뭔가 이미 예상을 하고 있었던 듯 표정이 그리 설어 보이질 않았다.

① 불문곡직(不問曲直)
② 거두절미(去頭截尾)
③ 두문불출(杜門不出)
④ 염치불구(廉恥不拘)
⑤ 노심초사(勞心焦思)

Guide
배경 설명이나 인사말에 해당하는 머리 말도 없이란 뜻.

정답 56쪽　　문제23정답 ⑤

物	만물	물	牛부	총획수 8	物						
	필순: 牛 牜 牧 物 物										
我	나	아	戈부	총획수 7	我						
	필순: 一 手 我 我 我										
一	하나	일	제부수	총획수 1	一						
	필순: 一										
體	몸	체	骨부	총획수 23	體						
	필순: 骨 骨 骨 體 體										
門	문	문	제부수	총획수 8	門						
	필순: 冂 冂 門 門										
前	앞	전	刀부	총획수 9	前						
	필순: 丷 前 前 前										
沃	기름질	옥	水부	총획수 7	沃						
	필순: 氵 氵 氵 汙 沃										
畓	논	답	田부	총획수 9	畓						
	필순: 丿 刀 水 氺 畓										
尾	꼬리	미	尸부	총획수 7	尾						
	필순: 一 コ 尸 尾 尾										
生	날	생	제부수	총획수 5	生						
	필순: 丿 一 牛 牛 生										
之	어조사	지	丿부	총획수 4	之						
	필순: 丶 ㄉ 之										
信	믿을	신	人부	총획수 9	信						
	필순: 亻 亻 信 信 信										
門	문	문	제부수	총획수 8	門						
	필순: 冂 冂 門 門										
前	앞	전	刀부	총획수 9	前						
	필순: 丷 前 前 前										
成	이룰	성	戈부	총획수 7	成						
	필순: 丿 厂 厂 成 成										
市	저자	시	巾부	총획수 5	市						
	필순: 丶 亠 市 市										

고사성어 풀이 및 유래

▶**背水之陣**(배수지진) : 물을 등지고 친 진지(陣地). 어떤일에 필사적 각오로 대처하는 것을 말한다. 한 고조(漢高祖) 유방(劉邦)의 명장(名將) 한신(韓信)이 쳤던 진지에서 유래된 말로서 〈사기〉 '회음후열전(淮陰候列傳)', 〈십팔사략(十八史略)〉 '한태조고황제(漢太祖高皇帝)' 등에 전한다.

한고조(漢高祖)가 제위에 오르기 2년 전(B.C. 240년)의 일이다. 한군의 일지대(一支隊)를 이끌고 있던 한신(韓信)은 위(魏)를 격파한 여세를 몰아 조(趙)로 진격했다. 한신이 작전을 짜놓고 부하 장수들에게 일만의 군대는 강을 등지고 진을 치고 주력부대는 성문 가까이 공격해 들어갔다. 적이 성에서 나오자 패배를 가장하여 배수진까지 퇴각을 하여 조나라 군대가 성을 비우고 추격해 오자 매복병을 시켜 성 안으로 잠입하여 조나라 기를 뽑고 한나라 깃발을 세우게 했다.

물을 등지고 진을 친(背水之陣) 한신의 군대는 죽기 아니면 살기로 결사 항전을 하니 조나라 군대는 퇴각할 수 밖에 없었는데, 그들이 성으로 와 보니 이미 한나라 기가 꽂혀 성이 이미 점령된 줄 알고 혼란이 났을 때 한신의 부대가 맹공격을 퍼부어 간단히 승리를 거두었다. 한신은 군대를 사지에 몰아 넣음으로써 싸움이 지쳐 전의가 없던 군대를 결사 항전하게 하여 승리를 거둔 것이다.

싸움이 끝나고 축연이 벌어졌을 때 부장들은 한신에게 물었다.

"병법에는 산을 등지고 물을 앞에 두고서 싸우라고 했습니다. 그런데 이번에는 물을 등지고 싸워 마침내 승리를 거두었습니다. 이것은 대체 어떻게 된 일입니까?"

"이것도 병법의 한 수로 제군들이 미처 깨닫지 못했을 뿐이오. 병서에 자신을 사지(死地)에 몰아 넣음으로써 살 길을 찾을 수가 있다고 적혀 있지않소. 그것을 잠시 응용한 것이 이번의 배수진(背水陣)이오. 원래 우리 군은 원정을 계속하여 보강한 군사들이 대부분이니 이들을 생지에 두었다면 그냥 흩어져 달아나 버렸을 것이오. 그래서 사지에다 몰아넣은 것 뿐이오." 이를 들은 모든 장수들이 탄복했다고 한다.

▶**博而不精**(박이부정) : 널리 알기는 하나 그것이 정확하고 자세하지 못함.

▶**拍掌大笑**(박장대소) : 손바닥을 치면서 크게 웃음.

▶**反目嫉視**(반목질시) : 눈을 흘기면서 밉게 봄.
[동] 白眼視(백안시)

▶**半信半疑**(반신반의) : 반쯤은 믿고 반쯤은 의심한다는 뜻.

▶**拔本塞源**(발본색원) : 폐단의 근원(根源)을 뽑아서 아주 없애버림.

문제 29

밑줄 친 부분의 뜻을 잘 나타낼 수 있는 한자 성어는?

"해질녘 포구에 물이 차 오르고 부녀가 그 비상학과 더불어 소리를 시작하면, 선학이 소리를 불러 낸 것인지, 소리가 신학을 날게 한 것인지 분간을 짓기가 어려운 지경이었소. 헌디, 그렇게 한 서너 달쯤 지났을까요. 노인네 그 동안 맘 속으로 깊이 목적한 일이 따로 있었던 사드구만요. 무어라 할까……. 노인네 그냥 비상학이 떠오르는 이 포구의 풍정을 심어 주려고 했다고나 할까……. 하여튼, 한 서너 달 그렇게 소리를 하고 나니 노인네 뜻이 그새 어느 만큼은 채워졌던가 봅디다." 부녀가 홀연 주막을 떠나고 말았소.

① 물아일체(物我一體) ② 천의무봉(天衣無縫) ③ 점입가경(漸入佳境)
④ 환골탈태(換骨奪胎) ⑤ 선풍도골(仙風道骨)

정답 54쪽

Guide
소리하는 사람과 그 주변 환경의 구별이 없어지는 상태.

문제 22 정답 ①

반자				
反	돌이킬 반	又 부	총획수 4	
	필순: 一 厂 厅 反			
目	눈 목	제부수	총획수 5	
	필순: 丨 冂 冃 目 目			
嫉	투기할 질	女 부	총획수 13	
	필순: 女 𡛀 𡛉 嫉 嫉			
視	볼 시	見 부	총획수 12	
	필순: 亍 礻 礼 祖 視			
拍	손뼉칠 박	扌 부	총획수 8	
	필순: 一 丨 扌 拍 拍			
掌	손바닥 장	手 부	총획수 12	
	필순: 业 㳇 尙 堂 掌			
大	큰 대	제부수	총획수 3	
	필순: 一 ナ 大			
笑	웃음 소	竹 부	총획수 10	
	필순: 𥫗 𥫗 笁 笅 笑			
背	등 배	肉 부	총획수 9	
	필순: ㇉ ㇉ 北 背 背			
水	물 수	제부수	총획수 4	
	필순: 丨 亅 水 水			
之	어조사 지	丿 부	총획수 4	
	필순: 丶 丿 之			
陣	진칠 진	阜 부	총획수 10	
	필순: ㇇ 阝 阼 陣 陣			
博	넓을 박	十 부	총획수 12	
	필순: 恒 博 博 博 博			
而	말이을 이	제부수	총획수 6	
	필순: 一 厂 丙 而 而			
不	아닐 부	一 부	총획수 4	
	필순: 一 厂 ア 不			
精	정할 정	米 부	총획수 14	
	필순: 十 米 粐 精 精			

고사성어 풀이 및 유래

▶百年河淸(백년하청) : 황하(黃河)의 물이 백 년에 한 번 맑아질까 말까 함. 곧, 아무리 오래 기다려도 어떤 일이 이루어지기 어려움을 비유하는 말이다. 원래는 주대(周代)의 사구절에서 따온 말인데, 〈춘추좌씨전(春秋左氏傳)〉 양공(襄公) 8년 조(條) 등에서 쓰이고 있다.

춘추시대 중반 정(鄭)나라는 초나라의 침입을 목전에 두고 있었다. 앞서 정나라는 초나라의 속국인 채(蔡)나라를 공격했는데 이를 빌미로 초나라가 보복해 온 것이었다. 조정에서는 대책을 논의했다. 초나라에 항복하여 국가를 보존하자는 입장과 진(晉)나라의 원군(援軍)을 기다리며 싸우자는 입장이 팽팽히 맞섰다. 이때 대부였던 자사(子駟)가 다음과 같이 말했다. "주나라의 시에 '황하의 흐린 물이 맑아지기를 기다린다 해도 인간의 수명이 얼마나 되는가? 점을 쳐서 들어보는 것이 많으면 어수선해져서 그 점괘의 그물에 걸려 꼼짝할 수도 없게 된다'라는 구절이 있습니다. 계책이 많으면 많을수록 목적을 달성하는 데 무익할 뿐입니다. 우선 초나라에 복종하여 백성들을 편안하게 해줍시다. 만약 진나라의 군사가 오면 또 그들에게 복종하면 됩니다."

이에 자전(子展)이라는 대부가 진나라를 배신할 수 없다며 끝까지 반대했지만 결국 중신들의 의견이 초나라에 항복하자는 쪽으로 기울어 초나라와 화친을 맺고 전쟁을 피할 수 있었다.

▶拔山蓋世(발산개세) : 힘은 산을 뽑고 기상은 온 세상을 덮음. 곧, 기력이 웅장함을 이르는 말.

▶百家爭鳴(백가쟁명) : ① 많은 학자나 작가들이 서로 자기의 의견을 내세워 논쟁함. ② 중국에서 중국 공산당에 대한 비판을 널리 당외에 호소한 후에 반우파 투쟁의 계기가 된 운동의 슬로건.

▶百計無策(백계무책) : 있는 꾀를 다 써봐도 별 수 없음.

▶百年佳約(백년가약) : 젊은 남녀가 결혼하여 한 평생을 아름답게 살자는 언약.

▶百年大計(백년대계) : 먼 뒷날가지에 걸친 큰 계획.

▶不問可知(불문가지) : 묻지 않아도 능히 알 수 있음.

▶同床異夢(동상이몽) : 한 자리에 자면서 다른 꿈을 꿈. 곧, 같은 처지에서 서로 딴 생각을 함.

▶有口無言(유구무언) : 입은 있으나 말이 없다는 뜻으로, 변명할 말이 없거나 변명을 못함을 이름.

▶言語道斷(언어도단) : 너무 엄청나게 사리에 멀거나 기가 막혀서 말로 나타낼 수 없음을 이름. 말도 안 됨.

문제 30

밑줄 친 부분을 잘 나타낼 수 있는 한자 성어는?

> 손 쪽도 주인의 그런 태도엔 새삼 이상스러워하는 기미가 없었다.
> 말이 오가는 게 오히려 부질없는 노릇 같았다. <u>두 사람은 다시 내밀한 침묵으로 할 말을 모두 대신하고 있었다.</u> 그러다 이윽고 손 쪽이 먼저 자탄을 해왔다.

① 불문가지(不問可知) ② 동상이몽(同床異夢)
③ 유구무언(有口無言) ④ 이심전심(以心傳心)
⑤ 언어도단(言語道斷)

Guide
서로가 사로의 입장을 이해하고 알게 된 상태에서 서로 마음으로 상대방의 내면의 심리를 읽고 있다.

정답 52쪽   문제21정답 ⑤

百計無策百家爭鳴百年河清拔山蓋世	일백	백	白부	총획수 6	百計無策百家爭鳴百年河清拔山蓋世					
	필순:	一 丁 丁 百 百								
	꾀할	계	言부	총획수 9						
	필순:	亠 言 言 計 計								
	없을	무	火부	총획수 12						
	필순:	一 누 無 無 無								
	꾀	책	竹부	총획수 12						
	필순:	竺 竺 笁 笄 策								
	일백	백	白부	총획수 6						
	필순:	一 丁 丁 百 百								
	집	가	宀부	총획수 10						
	필순:	宀 宁 宇 家 家								
	다툴	쟁	爪부	총획수 8						
	필순:	爫 爫 爭 爭 爭								
	울	명	鳥부	총획수 14						
	필순:	口 口' 吖 咱 鳴								
	일백	백	白부	총획수 6						
	필순:	一 丁 丁 百 百								
	해	년	干부	총획수 6						
	필순:	一 노 누 年 年								
	물	하	水부	총획수 8						
	필순:	氵 冫 河 河 河								
	맑을	청	水부	총획수 11						
	필순:	氵 汢 清 清 清								
	뺄	발	手부	총획수 8						
	필순:	扌 扩 扙 拔 拔								
	메	산	제부수	총획수 3						
	필순:	ㅣ 凵 山								
	덮을	개	艸부	총획수 14						
	필순:	艹 莱 萁 萻 蓋								
	인간	세	一부	총획수 5						
	필순:	一 十 卅 廿 世								

고사성어 풀이 및 유래

▶白面書生(백면서생) : 얼굴이 허여멀건한 서생(書生), 곧, 오로지 글만 읽을 줄 알지 세상 일에는 전혀 경험이 없는 사람을 이르는 말이다. 남북조(南北朝) 시대 송(宋)나라 장수로서 무명(武名)을 떨친 심경지(沈慶之)가 임금을 설득할 때에 인용한 말이다. 〈송서(宋書)〉'심경지전(沈慶之傳)'에 나온다.

심경지(沈慶之)는 남북조시대, 남조인 송나라 문제(文帝) 때 사람으로서 오(吳) 땅에 살았다. 그는 어릴 때부터 무예를 닦아 그 기량이 빼어났다. 전(前) 왕조인 동진때에 유신(遺臣), 손은(孫恩) 장군이 반란을 일으키자, 불과 10세의 나이로 반란군 진압에 공을 세웠을 정도였다.

이후 그는 도읍이었던 건강(建康)의 방위 책임자를 거쳐 변경 수비군의 총사령관까지 오르는 등 요직을 두루 거쳤다.

어느 날 문제가 문신(文臣)들을 불러 놓고 북위(北魏)를 치는 방법을 의논했는데 심경지도 이때 참석했다. 문신들은 모두 출병에 찬성했지만 심경지는 아직 출병할 때가 아니라고 반대하면서 이렇게 말했다.

"폐하, 가정사에서도 밭갈이는 농부에게 맡기고 바느질은 아낙에게 맡기는 법입니다. 마찬가지로 국가의 대사는 전문가에게 맡기셔야 합니다. 그런데 폐하께서는 나라를 보존하려 하시면서 '백면서생'들과 더불어 의논하시니 어떻게 목적을 달성할 수 있겠습니까?"

그러나 이같은 청에도 불구하고 문제는 문신들의 건의대로 출병했다가 대패하고 말았다.

▶白骨難忘(백골난망) : 죽어서 백골이 되어도 깊은 은덕을 잊을 수 없음.

▶百折不屈(백절불굴) : 백 번 꺾여도 굴하지 않음

▶百尺竿頭(백척간두) : 높은 장대 끝에 섰다는 말. 곧, 막다른 골목에 빠짐.

▶百八煩惱(백팔번뇌) : 108가지의 번뇌. (눈, 귀, 코, 입, 몸 뜻의 육관에 18가지가 되고, 거기에 담·무탐이 있어 36가지가 되며, 이것을 과거·현재·미래로 각각 풀면 모두 108가지가 됨.)

▶白衣從軍(백의종군) : 벼슬이 없는 사람이 군대를 따라 전장(戰場)으로 감.

▶勞心焦思(노심초사) : 애를 써 속을 태움.

▶初志一貫(초지일관) : 처음 품은 뜻을 한결같이 꿰뚫음.

▶切齒腐心(절치부심) : 몹시 분하여 이를 갈고 속을 썩임.

▶安如泰山(안여태산) : 태산같이 마음이 끄떡 없고 든든함.

문제 31

다음 (   ) 속에 들어갈 적절한 한자 성어는?

```
그래, 자결하기까지는 별로 태도에 이상한 점이 없으셨죠?
그야, 여부가 있소 (         ) 허셨겠지.
(책상 서랍에서 면도칼을 꺼내며)
이 면도칼로 경동맥을 싹뚝 끊어 버렸어. 에그. 쯧쯧……
```

① 태연자약(泰然自若)   ② 노심초사(勞心焦思)
③ 초지일관(初志一貫)   ④ 절치부심(切齒腐心)
⑤ 안여태산(安如泰山)

Guide
자살할 때까지 낙심이나 근심하는 모습이 보이지 않았다는 것과 관련된 뜻의 말.

[정답 50쪽]   [문제 20정답] ①

百	일백	백	一부	총획수	6	百					
	필순:	一 丆 丆 丆 百 百									
八	여덟	팔	제부수	총획수	2	八					
	필순:	ノ 八									
煩	번거할	번	火부	총획수	13	煩					
	필순:	〃 火 灯 煩 煩									
惱	번뇌할	뇌	心부	총획수	12	惱					
	필순:	〃 忄 忄 惱 惱									
百	일백	백	一부	총획수	6	百					
	필순:	一 丆 丆 百 百									
折	꺾을	절	扌부	총획수	7	折					
	필순:	一 十 扌 折 折									
不	아닐	불	一부	총획수	4	不					
	필순:	一 丆 不 不									
屈	굽힐	굴	尸부	총획수	8	屈					
	필순:	一 コ ア 屈 屈									
白	흰	백	제부수	총획수	5	白					
	필순:	ノ 白 白 白									
面	낯	면	제부수	총획수	9	面					
	필순:	一 丆 而 面 面									
書	글	서	曰부	총획수	10	書					
	필순:	一 コ 圭 書 書									
生	날	생	제부수	총획수	5	生					
	필순:	ノ 一 ヒ 牛 生									
白	흰	백	제부수	총획수	5	白					
	필순:	ノ 丆 白 白 白									
骨	뼈	골	제부수	총획수	10	骨					
	필순:	冂 冂 丗 骨 骨									
難	어려울	난	隹부	총획수	19	難					
	필순:	廾 堇 莫 難 難									
忘	잊을	망	心부	총획수	7	忘					
	필순:	亠 亡 忘 忘									

고사성어 풀이 및 유래

▶**焚書坑儒(분서갱유)** : 책을 불사르고 선비를 산 채로 구덩이에 파묻어 죽임. 전국시대를 끝내고 천하를 통일한 진(秦)나라 시황제가 행한 학문탄압 사건을 말한다. 〈한서(漢書)〉 '혜제기(惠帝記)', 〈사기〉 '진시황본기(秦始皇本紀)'에 나온다.

분서갱유의 시작은 기원전 213년, 시황제가 함양궁(咸陽宮)에 신하를 모아 주연을 베풀었던 일에서 비롯되었다. 그 자리에서 정승 이사(李斯)가 이렇게 건의했다.

"지금은 천하가 통일되어 법령이 한 길로 나와 이것을 범하는 자가 없으며 백성은 농공에 힘쓰고 있습니다. 그런데 유생(儒生)들이란 자들이 정부의 법령을 비판하고 이의(異議)만 내세우고들 있습니다. 이 때문에 민심이 어지럽혀진다면 위로는 황실의 세력이 약해지고 아래에서는 당파를 이룰 것이므로 나라가 위태로워질 것입니다. 그러니 정치에 대한 일체의 논의를 엄금시켜야 합니다. 더 나아가 유교의 경전(經典)을 포함한 민간인의 정치성을 띤 서적을 몰수하여 태워야 합니다."

진시황은 이 건의를 받아들여 협서율(挾書律)을 반포함으로써 〈진기(秦記)〉 이외의 〈열국사기(列國史記)〉와 박사관(博士官)에 속하지 않고 개인 소유로 되어 있는 〈시경(詩經)〉, 〈서경(書經)〉등도 지방관에게 제출하여 태워버릴 것 등을 명령했다. 책을 모두 태우라는 이 명령은 단 30일 이내를 기한으로 하였다. 이로써 명령이 내려진 후 한 달 만에 정부를 제외하고는 어떤 사람도 금서(禁書)를 소장하거나 연구, 토론할 수 없게 되었다. 이때 의약(醫藥), 복서(卜筮), 농경에 관한 서적은 소각을 면하였다. 이것이 '분서'사건인데, 이 협서율은 한대(漢代) 혜제(惠帝)가 철폐할 때까지 계속되었다.

이듬해에는 갱유사건이 일어났는데, 그 경위는 다음과 같다. 시황제는 불로장생을 꿈꾸어 신선술(神仙術)에 열중하였다. 그는 많은 방사(方士)들을 주위에 불러들여 후대하였는데 특히, 그가 총애하던 방사인 후생(侯生), 노생(盧生)이 시황제의 행위에 불만을 품고 재물을 챙겨 이역으로 도망하여 버렸다. 그 외의 다른 방사와 유생들도 조정을 비난하고 분서를 공박하자 진시황은 진노하였다.

그의 명령에 따라 방사와 유생들을 소환하여 엄하게 문초하였고, 그중 정부의 일을 비난하는 등 법령을 어겼다는 죄목으로 460명을 체포해 산채로 땅을 파고 묻어 버렸다. 이때 문힌 이들은 거의가 유학자였으므로, 이 사건을 갱유라고 한다.

▶**蓬頭亂髮(봉두난발)** : 쑥대머리로 더부룩하게 엉클어진 머리털

▶**夫唱婦隨(부창부수)** : 남편이 창(唱)을 하면 아내도 따라 하는 것이 부부 화합(和合)의 도(道)다.

▶**附和雷同(부화뇌동)** : 일정한 견식이 없이 남에 말에 찬성해 같이 행동함.

▶**粉骨碎身(분골쇄신)** : 뼈가 가루가 되고 몸이 부서지도록 힘을 다하여 고생하며 일하는 것.

▶**不顧廉恥(불고염치)** : 염치를 돌아보지 않음.

문제 32

밑줄 친 부분과 같은 상황을 표현하기에 적당한 한자 성어는?

> 예끼, 고약한 놈들! 올 놈들은 아니 오고……. 엥이, 제 아무리 인정이 백지장 같기루 내가 죽었다는 통지를 받구도 한 놈 얼씬 않는다? 어디 두고 봐라. <u>엊그제꺼정 두 내 앞에서 알쫑거리구 꼬리를 쳤던 놈들이 오늘에 와서는 딱 돌아선다?</u> 인젠 알아볼 때가 있으렸다. 내가 다시 살아나구 볼 지경이면……. 에익, 괘씸한지고. 하석이두 아직 안 들어오구?

① 염량세태(炎凉世態) ② 새옹지마(塞翁之馬)
③ 와신상담(臥薪嘗膽) ④ 조삼모사(朝三暮四)
⑤ 양두구육(羊頭狗肉)

Guide : 권세가 있을때와 없을 때에 세속의 인심.

[정답 48쪽] [문제19정답] ②

粉骨碎身夫唱婦隨焚書坑儒蓬頭亂髮	가루 분	米부	총획수 10	粉骨碎身夫唱婦隨焚書坑儒蓬頭亂髮						
	필순: 丷 十 米 粉 粉									
	뼈 골	제부수	총획수 10							
	필순: 冂 冎 呙 骨 骨									
	부술 쇄	石부	총획수 13							
	필순: 丆 石 矽 砕 碎									
	몸 신	제부수	총획수 7							
	필순: 丿 冂 自 身 身									
	지아비 부	人부	총획수 4							
	필순: 二 ナ 夫									
	노래부를 창	口부	총획수 11							
	필순: 刂 吅 吅 唱 唱									
	아내 부	女부	총획수 11							
	필순: 𡿨 女 妡 婦 婦									
	따를 수	阜부	총획수 16							
	필순: 阝 阝 阽 隋 隨									
	불사를 분	火부	총획수 12							
	필순: 十 木 林 林 焚									
	글 서	日부	총획수 10							
	필순: 一 𠃌 圭 書 書									
	구덩이 갱	土부	총획수 7							
	필순: 十 土 圹 圻 坑									
	선비 유	人부	총획수 16							
	필순: 亻 伫 俨 儒 儒									
	쑥 봉	艸부	총획수 15							
	필순: 艹 苃 莑 莑 蓬									
	머리 두	頁부	총획수 16							
	필순: 盲 豆 頭 頭 頭									
	어지러울 난	乙부	총획수 13							
	필순: 𠂎 甬 肏 矞 亂									
	터럭 발	髟부	총획수 15							
	필순: 𠀐 髟 髟 髮 髮									

고사성어 풀이 및 유래

▶**鵬程萬里(붕정만리)** : 붕조(鵬鳥)가 만리(萬里)를 날아감. 곧, 머나먼 여로(旅路)나 앞길이 아주 양양한 장래를 뜻하는 말이다. '붕곤(鵬鯤)'이니 '붕도(鵬圖)'니 하는 말도 여기서 비롯된 말들이다. 〈장자(莊子)〉 '소요유(逍遙遊)'편에서 시작된 말이다.

전국시대 도가(道家)의 대표자 장자(이름은 周, B.C 365~290)는 '소요유'편에서 다음과 같은 이야기를 하고 있다.

'북해(北海)의 끝에는 곤(鯤)이라는 이름의 큰 물고기가 살고 있다. 곤의 크기는 몇천리가 되는지 모른다. 그 곤이 화(化)해서 붕(鵬)이라는 새가 된다. 붕의 등도 몇천리의 길이인지 모른다. 이 붕새가 한번 날개를 탁 하고 쳐서 솟아 오르면, 그 날개는 하늘을 구름처럼 덮어버리고, 바다가 출렁거릴 큰 바람이 일어나는데, 단번에 북해 끝에서 남해의 끝까지 날아간다. 세상의 신기한 일을 적어놓은 제해(齊諧)에 의하면, 붕새는 한번 바닷물을 차올리는데 3천리나 되는 회오리 바람을 타고 오르며 9만리를 여섯 달 동안 쉬지 않고 난 후에야 비로소 그 날개를 한 번 접고 쉰다고 한다.'

장자는 자연 속에 묻혀 대상과 내가 하나가 되는 '물아일체(物我一體)'의 경지를 꿈꾸던 인물이다. 그가 이 엄청난 새의 이야기를 한 것은, 세속(世俗)의 상식을 뛰어넘어 무한한 자유의 세계에 거니는 위대한 자의 풍모를 말하려던 것이다.

여기서 유래되어 '붕곤(鵬鯤)', '곤붕(鯤鵬)'이라 하면 상상할 수 없을 만치 큰 것을 의미하게 되었고, '붕배(鵬背 : 붕새의 등)', '붕익(鵬翼 : 붕새의 날개)'도 역시 거대한 것을 비유하는 말로 쓰이게 되었다. 붕익은 특히 항공기를 형용하는 말로도 쓰인다. 또한 '붕박(鵬搏 : 붕새의 날개짓)', '붕비(鵬飛 : 붕새의 날음)', '붕거(鵬擧 : 붕새의 차고 일어남)'라는 것은, 크게 분발하여 어떤 일을 하려는 기세를 비유하며, '붕도(鵬圖 : 붕새의 도모)'는 웅대한 계획이나 포부를 의미한다.

▶**不俱戴天(불구대천)** : 하늘을 함께 일 수 없다는 뜻으로 이 세상에서 함께 살 수 없을 만한 큰 원한(怨恨)을 비유한 말로써, 동 不俱(共) 戴天之讐(불구(공)대천지수).

▶**不問可知(불문가지)** : 묻지 않아도 알 수 있음.

▶**不甚相關(불심상관)** : 크게 상관될 것이 아님.

▶**不遠千里(불원천리)** : 천리 길도 멀다 여기지 아니함을 말함.

▶**不問曲直(불문곡직)** : 옳고 그른 것을 묻지 않음.

▶**畵龍點睛(화룡점정)** : 용을 그려 마지막으로 눈동자를 그려 넣음. 곧, 무슨 일을 하는데 가장 긴요한 부분을 마치어 완성함을 이름. 양(梁) 나라 장승요(張僧繇)가 금능(金陵) 안락사(安樂寺)의 벽에 용 네 마리를 그렸는데, 그 중 한 마리에 눈동자를 그려 넣었더니, 우뢰 소리가 나고 번개가 치면서 벽을 깨뜨리고 하늘로 날아 올라갔다는 고사에서 온 말.

문제 33

다음 (   ) 속에 들어갈 알맞은 한자 성어는?

우   씨 : 에그 참, 정신두 없어라. 영감일랑 완전히 돌아가셨으니 남은 식구들일랑 어떻게 굶주리지나 않게 돼야 할 게 아니오?
임 표 운 : 마님께선 들어가 계십쇼. 최 선생님이 요량해서 잘 처리허실 테이니.
최변호사 : 쓸데없는 걱정일랑 덮어 노십쇼, 헛헛. 모두가 수완 나름이죠. (   )의 기회를 만만히 놓치겠어요, 헛헛.

① 천재일우(千載一遇) ② 전화위복(轉禍爲福)
③ 칠전팔기(七顚八起) ④ 화룡점정(畵龍點睛)
⑤ 금상첨화(錦上添花)

Guide
좀처럼 만나기 어려운 좋은 기회의 뜻.

정답 46쪽   문제18정답 ①

不遠千里不甚相關鵬程萬里不俱戴天	아닐 불	一부	총획수 4	不遠千里不甚相關鵬程萬里不俱戴天					
	필순: 一ブ不不								
	멀 원	辶부	총획수 14						
	필순: 十 吉 寺 袁 遠								
	일천 천	十부	총획수 3						
	필순: 一二千								
	마을 리	제부수	총획수 7						
	필순: 口 日 旦 甲 里								
	아닐 불	一부	총획수 4						
	필순: 一ブ不不								
	심할 심	甘부	총획수 9						
	필순: 一 廿 其 甚 甚								
	서로 상	目부	총획수 9						
	필순: 一 木 札 柑 相								
	관계할 관	門부	총획수 19						
	필순: 尸 門 門 關 關								
	붕새 붕	鳥부	총획수 19						
	필순: 月 朋 朋 鵬 鵬								
	길 정	禾부	총획수 12						
	필순: 禾 和 租 程 程								
	일만 만	艸부	총획수 13						
	필순: 艹 苩 萬 萬 萬								
	마을 리	제부수	총획수 7						
	필순: 口 日 旦 甲 里								
	아닐 불	一부	총획수 4						
	필순: 一ブ不不								
	함께 구	人부	총획수 10						
	필순: 亻 但 但 俱								
	일 대	戈부	총획수 17						
	필순: 十 吉 壴 責 戴								
	하늘 천	大부	총획수 4						
	필순: 一 二 天 天								

고사성어 풀이 및 유래

▶**髀肉之嘆**(비육지탄) : 넓적다리에 살이 찐 것을 탄식함. 곧, 할 일 없이 허송세월을 보내고 있는 신세를 한탄 한다는 뜻이다. 〈삼국지〉의 주인공 유비의 일화에서 비롯된 말이다.

장비, 관우와 함께 한왕조(漢王朝)의 부흥을 외치며 달리던 유비는 한때 힘이 모자라 조조에게 몰린 적이 있다. 그는 각지를 전전하다가 형주(荊州)의 유표(劉表)에게 신세를 지게 되었다. 이때 유표는 조조, 원소, 원술 등의 세력다툼에서 벗어나 형주에 독립 왕국을 구축하고 있었는데, 자기를 의지하고 찾아 온 유비 등을 한 작은 고을에 주둔시켰다.

유비가 싸움터에서 벗어나 고을에 머문 지 몇년이 흘렀다. 어느 날 유표는 유비를 초대해 주연을 베풀었다. 연회 도중에 화장실에 갔던 유비는 문득 자신의 넓적다리에 군살이 찐 것을 발견하고는 '난세에 태어나 활을 차고 말을 달리며 천하에 서려고 한 내가 이렇게 기개 없이 살고 있다니……'라고 탄식하며 눈물을 흘렸다.

연회 자리로 돌아온 유비에게 유표는 운 까닭을 캐물었다. 유비는 이렇듯 말했다.

"지난 시절 저는 항상 말을 타고 돌아다녔기 때문에 넓적다리에 군살이 붙을 겨를이 없었습니다. 그런데 지금은 한동안 말을 타지 않아 군살이 찌고 말았습니다. 노년에 가까운 지금, 천하에 이름을 날리지도 못하고 기개 또한 옛만 같지 않아 그저 슬플 뿐입니다."

이 유비의 한탄에서 '비육지탄'이라는 말이 유래되었다. 이후 이 말은, 천하태평으로 실력을 발휘할 기회가 주어지지 않는 일을 탄식하거나, 세상에 나와 공을 이루지 못하고 허송세월하는 것을 한탄하는 비유로 쓰인다. '비리육생(髀裏肉生 : 넓적다리에 군살이 붙다, 〈蜀志〉'先王傳注')'이라고도 한다.

뭔가 세상을 경륜할 큰 포부가 있는데, 그것을 발휘하지 못하고 있다면 안타까운 일이다. 군살이 찐 다리를 보면서 눈물을 흘릴 정도라면, 그 심정이 얼마나 깊이 사무친 것인지 알만하다. 요즘 공무원들이 복지부동 한다고해서 손가락질 받고 있다. 비생산적 태도를 보면서 먼 옛날에 비육지탄을 금치 못하던 유비의 기개를 생각해 본다. 또한 지금의 이 세상에도 과연 얼마쯤이나 되는 제2, 제3의 유비들을 바라고 있을는지…….

▶**不恥下問**(불치하문) : 아랫 사람에게 묻는 것을 부끄러워하지 않음.

▶**不偏不黨**(불편부당) : 어느 한쪽으로도 치우치지 않은 공평한 태도.

▶**飛禽走獸**(비금주수) : 날짐승과 길짐승.

▶**不撤晝夜**(불철주야) : 밤낮을 가리지 아니함. 조금도 쉬지 않고 일에 힘쓰는 모양.

▶**四顧無親**(사고무친) : 사방을 돌아보아도 친한 사람이 없음. 곧, 의지할 만한 사람이 전혀 없다는 뜻.

문제 34

다음 (   ) 속에 알맞은 한자 성어는?

> 불휘 기픈 남군 보르매 아니 뮐씨, 곶 됴코 여름 하느니.
> 시미 기픈 므른 フ무래 아니 그츨씨, 내히 이러 바르래 가느니.
>
> 불휘 기픈 나모 [기초가 튼튼한 나라]
> 시미 기픈물 [유서가 깊은 나라]
> → 보르매 아니 뮐씨
>   フ무래 아니 그츨씨 [(   )의 극복]

① 내우외환(內憂外患) ② 각골통한(刻骨痛恨) ③ 풍수지탄(風樹之嘆)
④ 맥수지탄(麥秀之嘆) ⑤ 교언영색(巧言令色)

Guide
바람과 가뭄은 역경과 고난을 의미—나라 안팎의 갖가지 근심 걱정.

정답 44쪽 | 문제17정답 ①

漢字	훈	음	부수	총획수	쓰기						
飛	날	비	제부수	10	飛						
	필순: ㇤ ㇤ 飛 飛 飛										
禽	새	금	内부	13	禽						
	필순: 仌 佥 佥 禽 禽										
走	달릴	주	제부수	7	走						
	필순: 土 キ ヰ 走 走										
獸	짐승	수	犬부	19	獸						
	필순: 严 严 嚚 嚚 獸										
不	아닐	불	一부	4	不						
	필순: 一 ア 不 不										
偏	치우칠	편	人부	11	偏						
	필순: 亻 伊 伊 偏 偏										
不	아닐	부	一부	4	不						
	필순: 一 ア 不 不										
黨	무리	당	黑부	20	黨						
	필순: 丷 尚 堂 黨 黨										
髀	넓적다리	비	骨부	18	髀						
	필순: 丨 骨 骨 髀 髀										
肉	고기	육	제부수	6	肉						
	필순: 冂 冂 内 肉 肉										
之	어조사	지	丿부	4	之						
	필순: ' ㇇ 之										
嘆	탄식할	탄	口부	14	嘆						
	필순: 口 吖 咁 嗟 嘆										
不	아닐	불	一부	4	不						
	필순: 一 ア 不 不										
恥	부끄러울	치	心부	10	恥						
	필순: 一 丁 耳 恥 恥										
下	아래	하	一부	3	下						
	필순: 一 丅 下										
問	물을	문	口부	11	問						
	필순: 厂 門 門 問 問										

고사성어 풀이 및 유래

▶**四面楚歌**(사면초가) : 사방에서 들려오는 초(楚) 나라 노래. 사면이 적들로 빈틈없이 둘러쌓여 고립되어 있는 상태를 말한다. 또는 주위에 자신에 반대하는 사람이 많아 고립되어 있거나, 사방으로부터 비난받고 있을 때를 가리키는 말로 쓰인다. 초왕(楚王) 항우와 한왕(漢王) 유방의 마지막 결전에서 생겨난 말로서 <사기> '항우본기'에 전한다.

초나라와 한나라의 칠년 간의 싸움도 막바지에 이르러, 순진한 항우가 휴전 강화를 하고 동쪽으로 퇴각하는데, 한신이 지휘하는 한군이 초군을 포위하여 초군은 군량미도 떨어지고 전의도 상실한 상황이었다.

이때 장량의 계책으로 이곳 저곳에서 초나라 노래소리가 들렸다. 향수를 더 이길 수 없는 초군은 야음을 틈타 계속 도망을 쳤다. 항우는 이 노래 소리를 듣고 "한나라가 이미 초나라를 얻었단 말인가. 어째서 초나라 사람이 이다지도 많지(夜聞 漢軍四面 皆楚歌 項羽乃大驚日 漢皆旣得楚乎 是何楚人之多也)?"

이젠 끝장이라고 생각한 항우는 장막 안으로 들어가서 결별연(訣別宴)을 열었다. 항우 곁에는 천리마라는 추(騅)와 우미인(虞美人)이 있었다. 항우는 너무 슬프게 느껴져 스스로 시를 지어 노래했다.

힘은 산을 뽑고, 기개는 세상을 덮어도
때가 불리하니, 추(騅)도 움직이려 않네.
추도 가지 않으려 하는데,
우(虞)야 우야 너를 어찌해야 할까?

반복해서 몇번 노래하자, 우미인도 이별의 슬픔을 가득담고 애절하게 따라 불렀다.

한나라 군대는 이미 땅을 차지했는지 사방에서 초나라 노래소리뿐 대왕의 운이 다 되었거늘, 천한 첩이 어찌 살기를 바라리오, 이 노래를 마지막으로 우미인도 항우의 품에서 자결하고 항우 역시 다음날 오강에서 자결했으니 그의 나이 31세 였다.

▶**四面春風**(사면춘풍) : 두루 춘풍. 곧, 누구에게나 모나지 않게, 두루 좋도록 하는 일. 또 그런 사람.
동 八方美人(팔방미인)

▶**四分五裂**(사분오열) : 여러 갈래로 갈기갈기 찢어짐. 동 三分五裂(삼분오열)

▶**砂上樓閣**(사상누각) : 모래 위에 지은 누각이란 뜻. 곧, 어떤 사물의 기초가 견고하지 못하여 오래 견디지 못함을 이르는 말.

▶**事上之道**(사상지도) : 윗 사람을 섬기는 도리.

▶**私淑諸人**(사숙저인) : 직접 가르침을 받지는 않았으나 마음속으로 그 사람을 본받아서 배우거나 따름을 말함.

문제 35

다음 ( ) 속에 적절한 한자 성어는?

이 중 생 : 에끼, ( ) 두 유만부동이지. 배라먹을 놈 같으니라구! 은혜도 정리두 몰라 보구, 산구도 죽은 송장을 맨들어 말 한 마디 못 하구 송두리째 재산을 빼앗기게 해야 옳단 말인가!
최변호사 : 헛헛……, 영감 말씀 좀 삼가시죠. 영감 가정일은 가정 일이구, 내게 내줄 것이나 깨끗이 셈을 하십쇼. 영감 사위께서 내 수수료를 청구하리까?

① 적반하장(賊反荷杖)   ② 아전인수(我田引水)
③ 견강부회(牽强附會)   ④ 자가당착(自家撞着)
⑤ 견물생심(見物生心)

Guide
잘못한 사람이 도리어 잘한 사람을 나무라는 경우의 말.

정답 42쪽   문제16정답 ③

砂上樓閣四分五裂	모래	사	石부	총획수	9
	필순:	丁 石 矽 砂 砂			
	윗	상	一부	총획수	3
	필순:	丨 卜 上			
	나락	누	木부	총획수	15
	필순:	木 栌 樐 樓 樓			
	누각	각	門부	총획수	14
	필순:	「 門 門 閁 閣			
	넉	사	口부	총획수	5
	필순:	丨 冂 四 四			
	나눌	분	刀부	총획수	4
	필순:	丿 八 分 分			
	다섯	오	二부	총획수	4
	필순:	一 丁 五 五			
	찢어질	렬	衣부	총획수	12
	필순:	歹 列 裂 裂 裂			

四面楚歌四面春風	넉	사	口부	총획수	5
	필순:	丨 冂 四 四			
	낯	면	제부수	총획수	9
	필순:	一 厂 面 面 面			
	초나라	초	木부	총획수	13
	필순:	木 林 梺 楚 楚			
	노래	가	欠부	총획수	14
	필순:	可 哥 哥 歌 歌			
	넉	사	口부	총획수	5
	필순:	丨 冂 四 四			
	낯	면	제부수	총획수	9
	필순:	一 厂 面 面 面			
	봄	춘	日부	총획수	9
	필순:	三 夫 夫 春 春			
	바람	풍	제부수	총획수	9
	필순:	几 凨 風 風 風			

고사성어 풀이 및 유래

▶**殺身成仁(살신성인)** : 제 몸을 희생하여 인(仁 : 어짊)을 이룬다. 곧, 다른 사람, 또는 대의(大義)를 위해 자기를 희생한다는 말이다. 〈논어〉 '위령공(衛靈公)'편에 나오는 구절이다.

공자는 이렇게 말했다.
'지사(志士)와 인인(仁人)은 삶을 구하여 인(仁)을 해치는 경우가 없고, 제 몸을 죽여 인(仁)을 이루는 경우는 있다.'
(志士仁人 無求生以害仁 有殺身以成仁)
이 구절에 대한 주자의 주석은 다음과 같다.
'지사(志士)란 뜻이 있는 선비요, 인인(仁人)은 덕(德)을 이룬 사람이다. 의리상 마땅히 죽어야 할 때에 삶을 구한다면 그 마음에 불안한 바가 있을 것이니, 이것은 그 마음의 덕을 해치는 것이다. 마땅히 죽어야 할 경우에 죽는다면 마음이 편안하고 덕이 온전할 것이다.'

▶**事必歸正(사필귀정)** : 모든 일은 결과적으로 반드시 바른 길로 돌아서게 마련임.

▶**山紫水明(산자수명)** : 산빛이 붉고 흐르는 물이 맑다는 뜻으로, 산수의 경치가 맑고 고우며, 특히 아침 때와 저녁때의 경치가 좋음을 이름.

▶**山戰水戰(산전수전)** : 산에서, 물에서 싸웠다는 뜻으로 세상의 온갖 고생과 어려움을 다 겪어 경험이 많음.

▶**山海珍味(산해진미)** : 산과 바다의 진귀한 맛. 곧, 온갖 귀한 재료로 만든 맛좋은 음식. 동 水陸珍味(수륙진미)

▶**三綱五倫(삼강오륜)** : 삼강과 오륜. '三綱'은 도덕에 있어서 바탕이 되는 세 가지 벼리. 임금과 신하·어버이와 자식·남편과 아내 사이에 마땅히 지켜야 할 도리로서 곧, 군위신강(君爲臣綱), 부위자강(父爲子綱), 부위부강(夫爲婦綱), '五倫'은 부자 사이의 친애·군신 사이의 의리·부부 사이의 분별·장유 사이의 차례·친구 사이의 신의를 지켜야 할 다섯 가지의 도리로서 곧, 부자유친(父子有親), 군신유의(君臣有義), 부부유별(夫婦有別), 장유유서(長幼有序), 붕우유신(朋友有信).

▶**累仁開國(누인개국)** : 어진 덕을 쌓아 나라를 열다.

▶**卜年無疆(복년무강)** : 왕조의 운명이 끝이 없다.

▶**聖神承繼(성신승계)** : 거룩한 임금의 자손이 계속 잇다.

▶**敬天勤民(경천근민)** : 하나님을 공경하고 백성을 다스리기에 부지런함.

▶**遹駿永世(내익영세)** : 더욱더 영원히 세대를 굳게 이을 것이다.

문제 36

밑줄 친 부분을 강조한 한자 성어는?

> 千世(천세) 우희 미리 定(정)ᄒᆞ샨 漢水(한수) 北(북)에, 累仁開國(누인개국)ᄒᆞ샤 卜年(복년)이 ᄀᆞᆺ업스시니, 聖神(성신)이 니ᅀᆞ샤도 敬天勤民(경천근민)ᄒᆞ샤ᅀᅡ, 더욱 구드시리이다.
> 님금하, <u>아ᄅᆞ쇼셔.</u> 落水(낙수)예 山行(산행) 가 이셔 하나빌 미드니잇가.

① 누인개국(累仁開國)　　② 복년무강(卜年無疆)
③ 성신승계(聖神承繼)　　④ 경천근민(敬天勤民)
⑤ 내익영세(遹駿永世)

Guide
후왕의 대한 권계 내용.

정답 40쪽 　 문제15정답 ③

山	메	산	제부수	총획수 3	山					
	필순:	丨 丨 山 山								
戰	싸움	전	戈부	총획수 16	戰					
	필순:	甼 門 單 單 戰								
水	물	수	제부수	총획수 4	水					
	필순:	亅 亅 水 水								
戰	싸움	전	戈부	총획수 16	戰					
	필순:	甼 門 單 單 戰								
山	메	산	제부수	총획수 3	山					
	필순:	丨 丨 山 山								
紫	자주빛	자	糸부	총획수 11	紫					
	필순:	止 此 紫 紫 紫								
水	물	수	제부수	총획수 4	水					
	필순:	亅 亅 水 水								
明	밝을	명	日부	총획수 8	明					
	필순:	日 日丨 明 明								
事	일	사	亅부	총획수 8	事					
	필순:	一 写 写 写 事								
必	반드시	필	心부	총획수 5	必					
	필순:	丶 丿 必 必 必								
歸	돌아갈	귀	止부	총획수 18	歸					
	필순:	皀 皀丨 皀冖 皀帚 歸								
正	바를	정	止부	총획수 5	正					
	필순:	一 丁 下 正 正								
殺	죽일	살	殳부	총획수 11	殺					
	필순:	杀 杀 杀几 殺 殺								
身	몸	신	제부수	총획수 7	身					
	필순:	丶 冂 身 身								
成	이룰	성	戈부	총획수 7	成					
	필순:	丿 厂 厅 成 成								
仁	어질	인	人부	총획수 4	仁					
	필순:	亻 亻 仁								

고사성어 풀이 및 유래

▶**三顧草廬(삼고초려)**: 초가집을 세 번 돌아 봄. 삼국시대 유비(劉備)가 제갈공명(諸葛孔明)을 세 번이나 찾아갔다는 고사에서 유래한 말로서, 사람을 맞이함에 있어 진심으로 정성을 다하는 것을 비유한다. 〈삼국지(三國志)〉 '촉지(蜀志)' 제갈량전(諸葛亮傳)에 나온다.

후한(後漢) 말 관우(關羽: 자는 雲長), 장비(張飛: 자는 益德)와 의형제를 맺고 한실(漢室) 부흥을 기치로 군사를 일으킨 유비에게는, 조조에게 맞서기 위해 우선 훌륭한 군사(軍師)가 필요했다.

그러던 중 유비는 어느 날 서서(徐庶)라는 사람의 방문을 받았다. 그는 유비에게 다음과 같은 권유를 했다.

"제갈공명은 '와룡(臥龍: 누워 있는 용)'과 같습니다. 장군께서 그를 한번 만나보시지요."

"그런가? 그렇다면 당신이 한번 같이 데리고 와주시오."

인재에 목말라 하던 유비는 귀가 번쩍 트여 이렇게 말했으나, 서서는 고개를 저었다.

"그 사람은 가서 만나볼 수는 있겠지만, 불러들일 수는 없을 겁니다. 장군께서 몸소 찾아가시지요."

이에 유비는 당장에 예물을 가지고 제갈공명의 초가집을 찾아갔다. 그러나 제갈공명은 마침 집에 없었다. 며칠 후 유비는 다시 찾아갔으나, 역시 제갈공명은 집에 없었다. 무례하다고 불평하는 관우와 장비의 만류에도 불구하고 유비는 다시 세번째로 제갈공명의 초가집에 찾아갔다. 제갈공명은 유비의 열의에 감동하여 마침내 군사가 되기를 승락하였다. 이후로 제갈공명은 과연 기대대로 적벽대전(赤壁大戰)에서 조조의 100만 대군을 격파하는 등 수많은 전공을 세웠으며, 그의 지모(智謀)와 용맹, 충성심의 활약상은 역사상 길이 빛나는 대단한 것이었다.

▶**森羅萬象(삼라만상)**: 우주 사이에 벌어 있는 온갖 사물과 현상.

▶**三人成虎(삼인성호)**: 세 사람이 짜면 범이 거리에 나왔다는 거짓말도 할 수 있다는 뜻으로 근거 없는 말이라도 여러 사람이 말하면 곧이 듣는다는 뜻.
동 三人爲市虎(삼인위시호)

▶**三尺童子(삼척동자)**: 키가 석자에 불과한 조그만 아이.

▶**三遷之敎(삼천지교)**: 맹자의 어머니가 아들의 교육을 위하여 세번 거처를 옮겼다는 고사로, 생활 환경이 교육에 있어 큰 구실이 있음을 말함.

▶**喪家之狗(상가지구)**: 초상집의 개. 궁상맞고 초라한 모습으로 이곳저곳 기웃거리며 얻어 먹을 것을 찾아다니는 사람을 놀려대는 말.

문제 37

다음 글의 주제로 알맞은 한자 성어는?

> 狄人(적인)ㅅ 서리에 가샤 狄人(적인)이 글외어늘, 岐山(기산)올 올ᄆ샴도 하ᄂᆞᇙ 뜨디시니.
> 野人(야인)ㅅ 서리에 가샤 野人(야인)이 글외어늘, 德源(덕원) 올ᄆ샴도 하ᄂᆞᇙ 뜨디시니.

① 천재일우(千載一遇)   ② 천우신조(天佑神助)
③ 지성감천(至誠感天)   ④ 고진감래(苦盡甘來)
⑤ 민심천심(民心天心)

Guide
하늘이 돕고 신의 도움으로 도움을 옮기다.

정답 38쪽   문제14정답 ③

三尺童子三人成虎 三顧草廬森羅萬象	석	삼	一부	총획수 3	三					
	필순: 一 二 三									
	자	척	尸부	총획수 4	尺					
	필순: 一 コ 尸 尺									
	아이	동	立부	총획수 12	童					
	필순: 亠 产 音 童 童									
	아들	자	제부수	총획수 3	子					
	필순: 一 了 子									
	석	삼	一부	총획수 3	三					
	필순: 一 二 三									
	사람	인	제부수	총획수 2	人					
	필순: 丿 人									
	이룰	성	戈부	총획수 7	成					
	필순: 厂 厅 成 成 成									
	범	호	虍부	총획수 8	虎					
	필순: 亠 产 庐 虎 虎									
	석	삼	一부	총획수 3	三					
	필순: 一 二 三									
	돌아볼	고	頁부	총획수 21	顧					
	필순: 尸 雇 雇 顧 顧									
	풀	초	艸부	총획수 10	草					
	필순: 艹 芍 苩 草 草									
	오두막집	려	广부	총획수 19	廬					
	필순: 厂 广 庐 廬 廬									
	수풀	삼	木부	총획수 12	森					
	필순: 木 森 森									
	벌일	라	罒부	총획수 19	羅					
	필순: 罒 罗 罗 羅 羅									
	일만	만	艸부	총획수 13	萬					
	필순: 艹 芍 苩 萬 萬									
	코끼리	상	豕부	총획수 12	象					
	필순: 宀 争 争 争 象									

고사성어 풀이 및 유래

▶塞翁之馬(새옹지마) : 글자 그대로는 '변방(邊方) 늙은이의 말'이라는 글인데, 한 노인이 키우던 말(馬)로 말미암아 화(禍)와 복(福)이 엎치락 뒤치락 했다는 일에서 유래된 말이다. 곧, 사람의 길흉화복(吉凶禍福)의 변화는 예측할 수 없다는 것을 비유하는 말이다. 원말은 '인간만사 새옹지마(人間萬事 塞翁之馬)'이다. 새옹마(塞翁馬), 북옹마(北翁馬)라고도 하며, 새옹득실(塞翁得失), 새옹화복(塞翁禍福)이라고 하면 새옹지마 격으로 득실이나 화복이 예측 불가능하게 변한다는 말이다. 〈회남자(淮南子)〉 '인생훈(人生訓)' 편에 나온다.

중국 북방의 변경에 점을 잘 치는 늙은이가 살고 있었다. 그런데 어느 날 그의 말이 오랑캐 땅으로 달아나버렸다. 마을 사람들이 이를 위로하자 그는 전혀 아까워하는 기색없이 태연하게 이렇게 말했다.

"혹시 이 일이 복이 될지 누가 알겠소?"

과연 몇달이 지나자 달아났던 말이 오랑캐의 준마(駿馬)를 데리고 돌아왔다. 마을 사람들이 달려가 이를 축하하자 노옹은 이번에도 태연하게 말했다.

"이 일이 화가 될지 누가 아오?"

그런데 어느 날 말타기를 좋아하던 그의 아들이 그 말에서 떨어져 다리가 부러졌다. 마을 사람들이 또 달려가 이를 위로하자 노옹은 역시 태연하게 말했다.

"이 일이 복이 될지 누가 알겠소?"

그로부터 1년쯤 지났을 어느 날, 오랑캐가 크게 침입해 왔다. 장정들은 모두 불려나가 싸웠는데, 열에 아홉 명은 대개 죽고 말았다. 그러나 노옹의 아들만은 앞서 낙마(落馬)의 후유증으로 절름발이가 되어 싸움터에 끌려나가지 않아도 되었기 때문에 몸을 보전할 수 있었다.

이로부터 세상 사람들은 '새옹지마'라는 말을 빌어, 길흉화복은 일정한 것도 아니며 그 변화는 예측할 수도 없는 것이기 때문에, 재앙도 복도 슬퍼하고 기뻐할 것이 못된다는 것을 말하게 되었다.

▶傷弓之鳥(상궁지조) : 한번 화살을 맞아 혼이난 새처럼 한번 궂은 일을 당하고 나면 의심하고 두려워함에 비유한 말.

▶上奉下率(상봉하솔) : 어른을 봉양하고 아랫사람을 거느림.

▶桑田碧海(상전벽해) : 뽕나무 밭이 푸른 바다가 됨. 곧, 자연이나 사회의 심한 변천을 비유한 말.

▶生老病死(생로병사) : 인생이 겪는 고통. 곧, 낳음·늙음·병듦·죽음.

▶生者必滅(생자필멸) : 이 세상에 생명이 있는 것은 반드시 죽을때가 있음. 회자정리(會者定離) 대를 이루는 말.

문제 38

밑줄 친 부분과 같은 의미를 나타나기에 적당한 한자 성어는?

> 돈이란 건, 그걸 잘 이용할 줄 알구 나라에 유익되게 쓸 줄 아는 사람이 가져야 하는 법이다. <u>저 혼자 잘 먹구 흥청거리구 놀라구 돈이 필요한 게 아니라 국가적인 사업을 하자구 귀하기두 하구 필요두 한 것이란 말이죠.</u> 그러니까 돈이란 벌기보담 쓰기가 힘든 물건이라……. 하식군으로 볼 지경이면 살아 돌아온다해도 아직 입에 젖비린내 나는 삼십살 풋내기야 나라를 위해 식당히 쓸줄 알 리 없을 터이구.

① 순망치한(脣亡齒寒) ② 동상이몽(同床異夢)
③ 이율배반(二律背反) ④ 자가당착(自家撞着)
⑤ 자승자박(自繩自縛)

Guide
제 꾀에 제가 걸려 들었다는 말의 뜻.

정답 36쪽 | 문제13정답 ③

桑	뽕나무	상	木부	총획수 10	桑						
	필순:	ㄡ ㄡㄡ 叒 叒 桑									
田	밭	전	제부수	총획수 5	田						
	필순:	丨 冂 冂 田 田									
碧	푸를	벽	石부	총획수 14	碧						
	필순:	一 王 珀 碧 碧									
海	바다	해	水부	총획수 10	海						
	필순:	氵 汇 海 海 海									
上	윗	상	一부	총획수 3	上						
	필순:	丨 卜 上									
奉	받들	봉	大부	총획수 8	奉						
	필순:	三 丰 夫 秦 奉									
下	아래	하	一부	총획수 3	下						
	필순:	一 丁 下									
率	거느릴	솔	玄부	총획수 11	率						
	필순:	亠 玄 玆 玆 率									
塞	변방	새	土부	총획수 13	塞						
	필순:	宀 塞 寒 塞 塞									
翁	늙은이	옹	羽부	총획수 10	翁						
	필순:	公 夳 夵 翁 翁									
之	어조사	지	丿부	총획수 4	之						
	필순:	丶 亠 之									
馬	말	마	제부수	총획수 10	馬						
	필순:	厂 冂 厍 馬 馬									
傷	다칠	상	人부	총획수 13	傷						
	필순:	亻 广 傽 傷 傷									
弓	활	궁	제부수	총획수 3	弓						
	필순:	一 ㄱ 弓									
之	어조사	지	丿부	총획수 4	之						
	필순:	丶 亠 之									
鳥	새	조	제부수	총획수 11	鳥						
	필순:	宀 户 白 鳥 鳥									

고사성어 풀이 및 유래

▶**生而知之(생이지지)** : 나면서부터 앎. 곧, 태어나면서부터 도(道)를 아는 성인(聖人)의 경지를 표현한 말이다. 〈중용(中庸)〉, 〈논어〉 '술이(術而)'편의 말이다.

〈중용〉 20장에는 다음과 같은 말이 있다.
'혹은 태어나면서부터 이것(道)을 알고, 혹은 배워서 이것을 알고, 혹은 곤궁하여 이것을 아는데, 그 앎이라는 것에 미쳐서는 똑같다. 혹은 편안히 이것을 행하고, 혹은 이롭게 여겨 이것을 행하고, 혹은 억지로 힘써 이것을 행하지만, 그 성공하는 데 미쳐서는 똑같은 것이다.'
(或生而知之 或學而知之 或困而知之 及其知之一也 或安而行之 或利而行之 或勉強而行之 及其成功一也)

이는 지(知)와 행(行)에 있어서 인물의 차등이 있다는 것을 말한다. 곧, 사람에게는 태어나면서부터 세상의 이치를 깨우치고 나온 사람이 있기도 하고, 배워서 알게 되는 사람이 있기도 하고, 어렵게 힘쓴 뒤에야 아는 사람이 있기도 하다는 것이다. 그러나 그 깨달음이라는 것에 도달하고 나면 그때는 똑같은 것이다. 각각 다른 도리, 다른 이치를 깨달은 것이 아니라, 모두 한가지로 깨달은 것이다.

또한 앎을 실천하는 데 있어서도 상등(上等)의 사람은 앎과 행동이 편안히 이루어지지만, 혹은 그렇지 못하고 실천이 이롭다고 생각하여 그렇게 행하는 사람도 있고, 혹은 억지로 그렇게 행하는 사람도 있다. 그러나 어떤 길을 택했건 그 성공한 결과에 이르고 보면 그 공은 다 같은 것이 된다. 그러므로 자질이나 방법에 따라 힘이 들고 덜 들고의 차이는 있을지언정 수량의 결과로 얻는 것은 모두 같은 것이라는 말이다.

이 구절에서 강조되는 것은 '자질에 있어서 차등이 있음'이 아니라, 바로 그 '결과의 같음'이다. 곧, 어떤 경로를 통하든지 간에 완성 단계에 있어서는 모두가 동일한 성취를 얻는다는 것을 강조 하려는 것이다. 이와 관련하여 공자의 다음 말을 새겨 둘만하다. 공자는 이렇게 말했다. 나는 나면서부터 안자가 아니라 옛 것을 좋아하여 부지런히 그것을 구한 자이다.

▶**先見之明(선견지명)** : 앞일을 미리 내다보는 밝은 지혜.

▶**纖纖玉手(섬섬옥수)** : 가냘프고 예쁜 아가씨의 손.

▶**說往說來(설왕설래)** : 서로 변론을 주고 받으며 옥신각신 하는 것.

▶**歲寒三友(세한삼우)** : 겨울철의 소나무, 대나무, 매화나무. 곧, 동양화의 화제(畫題).

▶**小貪大失(소탐대실)** : 작은 것을 탐하여 큰 것을 잃음.

▶**快刀亂麻(쾌도난마)** : 썩 잘드는 칼로 어지럽게 엉킨 삼을 벰. 곧, 산 사물을 처리함의 비유.

문제 39

다음 (   ) 속에 들어갈 가장 적당한 한자 성어는?

> 정보기기는 우리의 경험 세계를 시간의 제약, 공간의 제약, 사회의 제약에서도 벗어나게 해준다. 미국에 가 있는 장거리 전화는 태평양이라는 공간을 초월하게 해주고, 그것은 배 또는 비행기를 타고 건너야 할 시간을 초월하게 해준다.
> 컴퓨터는, 수 년 걸릴 계산을 그야말로 (   )의 속도로 해치운다.

① 단도직입(單刀直入)
② 일도양단(一刀兩斷)
③ 일사불란(一絲不亂)
④ 쾌도난마(快刀亂麻)
⑤ 전광석화(電光石火)

Guide
번개나 부싯돌의 불이 번쩍이는 것처럼 몹시 짧은 시간이나 재빠른 동작의 뜻.

정답 34쪽   문제12정답 ①

說	말씀 설	言부	총획수 14	說					
	필순: 三 言 訖 訖 說								
往	갈 왕	彳부	총획수 8	往					
	필순: ´ 彳 彳 彳 往								
說	말씀 설	言부	총획수 14	說					
	필순: 三 言 訖 訖 說								
來	올 래	人부	총획수 8	來					
	필순: 一 𣎳 来 來 來								
纖	가늘 섬	糸부	총획수 23	纖					
	필순: 糸 紵 紵 維 纖								
纖	가늘 섬	糸부	총획수 23	纖					
	필순: 糸 紵 紵 維 纖								
玉	구슬 옥	제부수	총획수 5	玉					
	필순: 一 т 干 王 玉								
手	손 수	제부수	총획수 4	手					
	필순: ´ 二 三 手								
生	날 생	제부수	총획수 5	生					
	필순: ´ ㅡ 屮 牛 生								
而	말이을 이	제부수	총획수 6	而					
	필순: 一 丙 而 而								
知	알 지	矢부	총획수 8	知					
	필순: 𠂉 ㅗ 矢 知 知								
之	어조사 지	丿부	총획수 4	之					
	필순: ´ 丆 之								
先	먼저 선	儿부	총획수 6	先					
	필순: ´ ㅡ 屮 生 先								
見	볼 견	제부수	총획수 7	見					
	필순: 冂 目 貝 見								
之	어조사 지	丿부	총획수 4	之					
	필순: ´ 丆 之								
明	밝을 명	日부	총획수 8	明					
	필순: 冂 日 明 明								

고사성어 풀이 및 유래

▶ **宋襄之仁(송양지인)** : 송나라 양공의 어짊. 자신의 처지를 모르고 분수도 없이 남을 동정하는 것을 비웃어 하는 말에서 시작되어, 소용없는 동정을 일컫는다. 춘추시대 송(宋)나라 양공(襄公)이 쓸데없는 인정을 베풀었던 고사에서 유래한 말이다.〈춘추좌씨전(春秋左氏傳)〉'희공(僖公)' 22년 조(條),〈십팔사략(十八史略)〉권1 등에 소개되어 있다.

춘추시대 주나라 양왕(襄王) 2년(B.C 650), 제(齊)나라의 환공(桓公)이 죽자 여러 공자가 서로 왕위를 다투면서 나라가 어지러워졌다. 이 혼란을 마무리지은 것은 송나라 양공(襄公)이었다. 그는 환공으로부터 부탁을 받고 있던 태자 소(昭)를 조, 위, 주군과 연합해서 추대하였으니 그가 제의 효공(孝公)이다.

양공은 패자의 후사를 제 힘으로 정한 데 고무되어 패자가 될 야망을 품고는 기원전 639년 가을에는 송, 제, 조 세 나라를 불러모아 그 맹주(盟主)가 되려다 초의 성왕(成王)의 강력한 반발로 망신을 당했다. 그러나 이에 굽히지 않고 양공은 이듬해 정나라가 초에 굴복하자 이를 책망하여 정나라를 쳤다.

그러자 그해 겨울 11월 초, 초나라는 정나라를 구원하기 위해 대군을 파병하였다. 양공은 초군과 홍수(泓水)를 사이에 두고 대치했다. 이때 이미 송나라 군대는 전열을 다 가다듬고 있었는데 초나라 군대가 강을 건너고 있었다. 이를 본 공자(公子) 목이(目夷)가 이렇게 건의했다(〈春秋〉에는 司馬로 있던 子魚라고 되어 있는데, 자어는 목이의 字이다).

"적들은 많고 아군은 적습니다. 그러니 아직 다 건너기 전에 공격하게 해주십시오." 그러나 양공은 허락하지 않았다.

얼마 후 강을 다 건넌 초군은 전열을 가다듬기 시작했다. 사마가 다시 건의했다.

"아직 전열을 다 가다듬기 전이니 공격 명령을 내려주십시오." 그러나 양공의 대답은 같았다.

그리고는 초군의 전열이 완전히 갖추어진 다음 공격을 시작했다. 결과는 물론 열세였던 송군의 참패였고, 양공도 허벅다리에 부상을 깊게 입었다.

▶ **送舊迎新(송구영신)** : 묵은 해를 보내고 새해를 맞음. 쥰 送迎(송영)

▶ **首邱初心(수구초심)** : 고향을 그리워 하는 마음을 비유한 말.

▶ **壽福康寧(수복강녕)** : 오래 살고 복되며, 몸이 건강하고 편안함을 말함.

▶ **手不釋卷(수불석권)** : 손에서 책을 놓지 않음. 곧, 열심히 공부하는 것을 말함.

▶ **首鼠兩端(수서양단)** : 구멍에서 머리만 내밀고 이리 저리 엿보는 쥐. 곧, 어찌할 바를 몰라 결정하지 못하는 상태.

문제 40

밑줄 친 부분과 관계 깊은 한자 성어는?

> 사회 성원들은 관념적으로는 민주주의적 가치를 받아들이고 있으면서도, 실제의 행위 양식에서는 권위주의적 규범에 더 가깝게 행동하는 등 가치와 가치, 가치와 규범, 규범과 규범 간의 갈등과 혼란이 일어나는 것이다. 뿐만 아니라, 과도적인 가치와 규범은 흔히 외래적인 가치의 왜곡으로 나타나기도 한다.

① 연목구어(緣木求魚)
② 조삼모사(朝三暮四)
③ 이전투구(泥田鬪狗)
④ 이율배반(二律背反)
⑤ 면종복배(面從腹背)

Guide
관념과 행위가 일치하지 않음을 말한다.

정답 32쪽

문제11정답 ④

한자	뜻	음	부수	획수	필순
壽	목숨	수	士부	총획수 14	士 幸 壽 壽 壽
福	복	복	示부	총획수 14	示 祁 祠 禍 福
康	편안	강	广부	총획수 11	广 庐 庚 康 康
寧	편안	녕	宀부	총획수 14	宀 宓 寍 寧 寧
首	머리	수	제부수	총획수 9	丷 䒑 首 首
邱	언덕	구	邑부	총획수 8	厂 斤 丘 邱
初	처음	초	刀부	총획수 7	ㄅ ㄔ 衤 初 初
心	마음	심	제부수	총획수 4	丶 心 心
宋	송나라	송	宀부	총획수 7	宀 宀 宇 宋 宋
襄	도울	양	衣부	총획수 17	亠 襾 襄 襄 襄
之	어조사	지	丿부	총획수 4	丶 ㇇ 之
仁	어질	인	人부	총획수 4	丿 亻 仁 仁
送	보낼	송	辵부	총획수 10	八 ⺍ 关 送 送
舊	예	구	臼부	총획수 18	艹 萑 雈 舊 舊
迎	맞을	영	辵부	총획수 8	丿 匸 卬 迎
新	새	신	斤부	총획수 13	立 辛 亲 新 新

고사성어 풀이 및 유래

▶**水魚之交**(수어지교) : 물과 물고기의 만남. 곧, 물고기가 물을 만난 듯이 군주와 신하의 사이가 친밀한 것을 비유하는 말이다. 일반적으로 서로 큰 도움이 되는 사이를 수어지교라고도 한다.〈삼국지〉'촉지 제갈량전(蜀志 諸葛亮傳)'의 기록이다.

중국 천하가 조조(曹操), 손권(孫權), 유비(劉備) 세 사람에 의해 삼분(三分)되어 있던 이른바 삼국정립(三國鼎立) 시대의 일이다.

처음 이 세 중에서 가장 근거가 약했던 것은 유비였다. 그에게는 관우(關羽), 장비(張飛), 조운(趙雲)등 용장은 있으나, 같이 일을 도모할 만한 책략가가 없었다. 그 점을 통감한 유비가 기대를 건 인물이 바로 제갈공명이었다.

당시 제갈공명은 전란의 세상을 피해 양양의 서쪽 융중산(隆中山) 와룡강(臥龍岡)이라는 곳에 초가를 짓고 은둔해 있었다. 유비는 예의를 다해 세 번 이나 그의 집을 찾아감으로써(三顧草盧) 제갈공명을 모셔오는 데 성공했다.

"형주(荊州)와 익주(益州)의 요새지를 눌러 그곳을 근거지로 삼아, 서쪽과 남쪽의 오랑캐들을 달래어 뒷탈을 없애고, 안으로는 선정을 베풀어 부국강병을 도모하며, 밖으로는 손권과 손을 잡아 조조를 고립시킨 다음 때를 보아 조조를 치는 것이 제가 생각하는 한나라 부흥의 대계(大計)입니다."

이후 그는 제갈공명이 제시하는 정책에 따라 한나라 부흥의 일을 진행시켜 나갔다. 유비는 제갈공명의 인품과 지혜에 반하여 그를 스승으로 모시며 침식을 항상 같이했고, 제갈공명도 자기를 알아주는 군주에게 충성을 바쳤다.

처음에는 관우와 장비가 어린 제갈공명(삼고초려 당시 27세)에 대한 예우가 너무 지나친 것이라고 불평한 적이 있었다. 그때 유비는 이렇게 말했다고 한다.

"내가 공명을 얻은 것은 마치 고기가 물을 얻은 것이나 같다. 그러니 두 번 다시 그런 소리는 하지 말아라."

▶**袖手傍觀**(수수방관) : 간섭하거나 거들지를 않고 그대로 버려둠.

▶**誰怨誰咎**(수원수구) : 누구를 원망하고 닷할 것이 없음.

▶**守株待兔**(수주대토) : 밭에 있는 그루터기를 지키며 토끼가 나오기 만을 기다린다는 뜻으로 어떤일에 집착하여 융통성이 없는 것을 말함.

▶**乘勝長驅**(승승장구) : 싸움에서 이긴 여세를 타서 냅다 몰아침.

▶**食少事煩**(식소사번) : 먹을 것은 적고 할 일은 많음의 뜻.

▶**伯仲之勢**(백중지세) : 우열의 차이가 없어 엇비슷함.

문제 41

다음 글의 논지와 관계가 깊은 한자 성어는?

전통의 확립과 문화 창조의 과정에서 유의해야 할 점은, 만일 사회 변동에 따른 문화적 적합성을 지나치게 일방적으로 강조하게 되면 문화의 정체를 상실하게 될 위험을 안게 되며, 만일 문화의 정체 만을 지나치게 강조하게 되면 다시 문화의 적합성의 위기를 가중(加重)시킬 위험을 초래하게 되며, 또한 만일 문화의 통합성을 지나치게 강조하면 문화적 획일주의에 빠져 문화의 침체를 가져올 위험이 있게 된다는 점이다.

① 기호지세(騎虎之勢)　　② 과유불급(過猶不及)
③ 진퇴양난(進退兩難)　　④ 백중지세(伯仲之勢)
⑤ 방약무인(傍若無人)

Guide
한 쪽을 지나치게 강조하면 다른쪽이 좋지 않은 결과를 가져온다의 뜻.

정답 30쪽　　문제10정답 ③

守	지킬	수	宀부	총획수 6	守					
	필순: 丶 宀 宀 宁 守									
株	그루	주	木부	총획수 10	株					
	필순: 十 朾 栌 栟 株									
待	기다릴	대	彳부	총획수 9	待					
	필순: 彳 代 代 待 待									
兎	토끼	토	儿부	총획수 8	兎					
	필순: 一 丆 一 尸 兎									
誰	누구	수	言부	총획수 15	誰					
	필순: 言 訁 訐 訙 誰									
怨	원망할	원	心부	총획수 9	怨					
	필순: 夕 夘 怨 怨 怨									
誰	누구	수	言부	총획수 15	誰					
	필순: 言 訁 訐 訙 誰									
咎	허물	구	口부	총획수 8	咎					
	필순: 夕 夂 夊 咎 咎									
水	물	수	제부수	총획수 4	水					
	필순: 丨 才 才 水									
魚	물고기	어	제부수	총획수 11	魚					
	필순: 宀 久 魚 魚 魚									
之	어조사	지	丿부	총획수 4	之					
	필순: 丶 ㇇ 之									
交	사귈	교	亠부	총획수 6	交					
	필순: 亠 六 亣 交									
袖	소매	수	衣부	총획수 10	袖					
	필순: 衤 衤 初 衵 袖									
手	손	수	제부수	총획수 4	手					
	필순: 一 ⺕ 手									
傍	곁	방	人부	총획수 12	傍					
	필순: 亻 俨 倅 傍 傍									
觀	볼	관	見부	총획수 25	觀					
	필순: 艹 苹 雚 觀 觀									

고사성어 풀이 및 유래

▶**脣亡齒寒**(순망치한) : 입술을 잃으면 이가 시리다. 곧, 서로 의지하는 가까운 사이에 놓여 있어서 한 편이 망하면 다른 편도 온전하기 어려운 관계라는 것을 뜻하는 비유이다. 순망치한은 보거상의(輔車相依) 순치보거(脣齒輔車)란 다른 표현으로 쓰기도 한다. 이에 관련된 유명한 고사가 〈춘추좌씨전〉 '희공(僖公)' 5년조에 전한다.

춘추시대 말기, 진(晉)나라 헌공(獻公)이 괵(虢)과 우(虞) 두 나라를 공격하기로 마음먹고 우선 괵나라를 치기로 결정을 내렸는데, 괵을 치기 위해서는 우나라를 통과해야 했다. 헌공은 우나라의 우공(虞公)에게 길을 빌려 주면 많은 재물을 주겠다고 제의했다. 우공이 수락하려 하자 궁지기(宮之奇)라는 중신이 말리고 나섰다.

"괵나라와 우리 우나라는 한몸과 같습니다. 괵이 망하면 우리도 망할 것입니다. 속담에도 광대뼈와 하악골은 서로 의지하고 '입술이 없어지면 이가 시리다'고 했는데 이는 바로 괵과 우를 두고 한말이라고 생각합니다. 이런 사이의 괵을 치려고 하는 진나라에게 길을 빌려 준다는 것은 천만부당한 일입니다."

그러나 진나라의 제의에 귀가 솔깃해진 우공은 그 말을 귀담아 듣지 않았다.

"그대는 진나라를 잘못 생각하고 있소. 진나라와 우나라는 모두 주(周)의 황실에서 갈라져 나온 동종(同宗)의 나라인데 설마 진이 우리에게 해를 주겠소?"

궁지기의 간곡한 만류에도 불구하고 우공은 결국 진나라에 길을 내주고 말았다. 궁지기는 화가 미칠 것을 두려워하여 일가를 이끌고 우나라를 떠났다. 그해 12월, 진나라 군사는 괵나라를 멸하고 돌아가던 길에 우나라 마저 공략하고 우공을 포로로 잡아갔다. 우공은 그제서야 지난날 궁지기의 충고를 듣지 않았던 자신의 어리석음을 한탄했으나 이미 때는 늦어 버렸다.

▶**識字憂患**(식자우환) : 학식이 있는 것이 도리어 근심이 된다는 말.

▶**信賞必罰**(신상필벌) : 공이 있는 사람에게는 반드시 상을 주고, 죄가 있는 사람에게는 반드시 벌을 줌. 곧, 상과 벌을 규정대로 공정하고 엄중하게 하는 일.

▶**身言書判**(신언서판) : 인물을 선택하는 표준으로 삼던 네 가지 조건. 곧, 신수와 말씨와 글씨와 판단력을 말함.

▶**神出鬼沒**(신출귀몰) : 귀신이 출몰하듯 자유 자재하여 변화를 헤아리지 못함으로 쉽사리 그 소재를 확인할 수 없음에 비유.

▶**心氣一轉**(심기일전) : 어떤 동기에 의해 지금까지 먹었던 마음을 완전히 바꿈.

문제 42

밑줄 친 부분의 상황과 관계가 깊은 한자 성어는?

> 뜬 생각이란, 하루 아침에 깨끗이 없어질 수는 없다. 오직 수시로 정신을 맑게 하는 방법을 잊어버리지 않는 것이 중요하다. 혹 심기가 불편하여 꽉 얽매여 없어지지 않으면, 묵묵히 앉아서 눈을 감고 마음을 배꼽 근처에 집중시킬 때 신명이 제자리로 돌아오고, 뜬 생각은 사라지게 된다. 과연 이러한 방법을 잘 실행한다면, <u>얼마 안 가서 공부하는 것이 점점 익숙해지고 효험이 점차 늘어나 오직 학식만이 날로 진척될 뿐 아니라,</u> 마음이 편안하고 기운이 화평하여 일을 함에 있어서 오로지 하나에만 힘쓰고 정밀하게 된다.

① 물아일체(物我一體) ② 형설지공(螢雪之功) ③ 일취월장(日就月將)
④ 절차탁마(切磋琢磨) ⑤ 위편삼절(韋編三絶)

Guide
학식이나 기량을 갈고 닦음.

정답 28쪽   문제 9 정답 ②

身	몸 신	제부수	총획수 7	身					
言	필순: ノ 门 闩 自 身								
書	말씀 언	제부수	총획수 7	言					
判	필순: 一 二 三 言 言								
信	글 서	曰부	총획수 10	書					
賞	필순: フ ヨ 聿 書 書								
必	판단할 판	刀부	총획수 7	判					
罰	필순: ' ソ 半 判 判								
脣	믿을 신	人부	총획수 9	信					
亡	필순: 亻 亻 信 信 信								
齒	상줄 상	貝부	총획수 15	賞					
寒	필순: ⺌ 严 尚 賞 賞								
識	반드시 필	心부	총획수 5	必					
字	필순: 丶 ソ 必 必 必								
憂	벌할 벌	罒부	총획수 14	罰					
患	필순: 罒 罒 罰 罰 罰								
	입술 순	肉부	총획수 11	脣					
	필순: 厂 戸 辰 脣 脣								
	망할 망	亠부	총획수 3	亡					
	필순: 丶 亠 亡								
	이 치	제부수	총획수 15	齒					
	필순: 止 歩 齒 齒 齒								
	찰 한	宀부	총획수 12	寒					
	필순: 宀 宑 寒 寒 寒								
	알 식	言부	총획수 19	識					
	필순: 訁 諳 諳 識 識								
	글자 자	子부	총획수 6	字					
	필순: 宀 宀 字 字								
	근심 우	心부	총획수 15	憂					
	필순: 厂 百 頁 憂 憂								
	근심 환	心부	총획수 11	患					
	필순: 口 吕 串 患 患								

고사성어 풀이 및 유래

▶ **羊頭狗肉(양두구육)** : 양 대가리에 개고기. 밖에는 양 대가리를 걸어놓고 안에서는 개고기를 판다(縣羊頭賣狗肉)는 뜻이다. 겉으로는 훌륭하지만 속은 전혀 다르게 형편없는 경우를 이르는 말이다. 또 오늘날에는 좋은 물건을 겉에 내놓고 나쁜 물건을 파는 것을 비유할 때도 쓴다. 양 대가리를 걸어놓고 말고기를 판다는 뜻의 '현우수매마육(縣牛首賣馬肉)'이 모두 같은 말로 쓰인다. 〈안자춘추(晏子春秋)〉,〈양자법언(揚子法言)〉,〈한서(漢書)〉 '광무기(光武紀)'등에 나온다.

춘추시대, 제(齊)나라 영공(靈公)은 궁중의 여인들에게 남장(男裝)을 시켜 놓고 즐기는 것을 좋아했다. 이 이상한 취미는 곧 백성들 사이에도 유행되어 온 나라 안 여인들이 모두 그를 따라 남장을 하고 다녔다. 그러자 영공은 여인의 남장을 금하게 명령을 내렸으나, 이 명령은 실행되지 않았다.

어느 날 재상 안영(晏嬰:晏子)이 임금에게로 나아가니 영공이 그에게 금령이 이행되지 않는 이유를 물었다. 안영은 이렇게 대답했다.

"전하께서는 궁중의 여인들에게는 남장을 하게 하시면서 궁 밖의 여인들에게는 금하라고 하셨습니다. 이는 비유하자면 곧 '밖에는 양 머리를 걸어놓고 안에서는 개고기를 파는'격입니다.(혹은 밖에는 소머리, 안에서는 말고기라고도 함). 전하께서 궁중에서 남장여인을 금하신다면, 궁 밖에서는 감히 누구도 남장을 하지 못할 것입니다."

영공은 안영의 진언을 받아들여 궁중의 여인들에게 남장 금지령을 내렸다. 그러자 그 이튿날부터 제나라에서는 남장 여인을 찾아볼 수 없었다고 한다.

윗물이 맑아야 아랫물도 맑다. 자기는 '바람 풍(風)' 하면서 제자들 보고는 '바람 풍'이라고 해야 아무 소용없는 일이다.

▶ **深思熟考(심사숙고)** : 깊이 생각함. 곧, 신중을 기하여 곰곰히 생각한다는 뜻.

▶ **十盲一杖(십맹일장)** : 열 소경에 한 막대라는 뜻. 곧, 어떤 사물이 여러 곳에 다같이 긴요하게 쓰임을 비유한 말.

▶ **十目所視(십목소시)** : 여러 사람이 다같이 보고 있는 것. 곧, 세상 사람을 속일수 없음을 가리키는 말.

▶ **阿鼻叫喚(아비규환)** : 아비지옥과 규환지옥. 곧, 여러 사람이 고통으로 울부짖는 참상을 말함.

▶ **阿諛苟容(아유구용)** : 남에게 잘 보이려고 아첨하며 구차스럽게 행동하는 모양.

▶ **易地思之(역지사지)** : 처지를 바꾸어서 생각함.

▶ **不問曲直(불문곡직)** : 일의 옳고 그름을 묻지 아니함.

문제 43

밑줄 친 부분과 같은 자세를 나타내기에 적당한 한자 성어는?

이상에서 우리는 음운, 어휘, 문법 부문에 걸쳐서 우리말이 변화해 온 모습을 살펴보았다. 우리말의 역사를 이해하는 것은 우리 민족의 뿌리를 이해하기 위한 일이다. <u>우리의 역사를 정확히 알아두어야만 그것을 교훈으로 삼아 과오를 되풀이하지 않을 수 있듯이,</u> 우리말의 역사를 잘 알아두면 우리말의 발전을 위하여 바람직한 방향을 설정하는 데 커다란 도움이 될 것이다.

① 역지사지(易地思之) ② 온고지신(溫故知新)
③ 교왕과직(矯枉過直) ④ 과유불급(過猶不及)
⑤ 불문곡직(不問曲直)

Guide
과거의 것을 잘 익힘으로써 새 것을 알아야 한다.

정답 26쪽   문제 8정답 ②

阿鼻叫喚十盲一杖羊頭狗肉深思熟考	아첨할	아	阜부	총획수 8	阿						
	필순: ㄱ ㅏ ㅏ 阿 阿										
	코	비	제부수	총획수 14	鼻						
	필순: 冂 自 自 鼻 鼻										
	부르짖을	규	口부	총획수 5	叫						
	필순: ㅣ 冂 口 叩 叫										
	부를	환	口부	총획수 12	喚						
	필순: 口 ㅁ 吟 吻 喚										
	열	십	제부수	총획수 2	十						
	필순: 一 十										
	소경	맹	目부	총획수 8	盲						
	필순: 亠 亡 亡 盲 盲										
	하나	일	제부수	총획수 1	一						
	필순: 一										
	지팡이	장	木부	총획수 7	杖						
	필순: 十 木 杧 杖 杖										
	양	양	제부수	총획수 6	羊						
	필순: 丷 半 羊 羊 羊										
	머리	두	頁부	총획수 16	頭						
	필순: 豆 豆 頭 頭 頭										
	개	구	犬부	총획수 8	狗						
	필순: 丿 犭 犭 犳 狗										
	고기	육	제부수	총획수 6	肉						
	필순: 冂 内 内 肉 肉										
	깊을	심	水부	총획수 11	深						
	필순: 氵 氵 沪 泙 深										
	생각	사	心부	총획수 9	思						
	필순: 冂 田 田 思 思										
	익을	숙	火부	총획수 15	熟						
	필순: 亠 亨 享 孰 熟										
	생각할	고	老부	총획수 6	考						
	필순: 一 耂 耂 考 考										

고사성어 풀이 및 유래

▶**梁上君子**(양상군자) : 대들보 위의 군자. 도둑을 일컫는 말이다. 쥐를 재미있게 표현하는 말로도 쓰인다. 〈후한서(後漢書)〉 '진식전(陳寔傳)'에 나온다.

후한(後漢) 말 태구현령(太丘縣令)으로 있던 진식(陳寔)이란 이가 있었다. 그는 학문을 좋아하는 선비로 근면성실하였으며 정사(政事)도 공정하고 사려깊게 처리함으로써 백성들의 존경을 받았다.

어느 해 흉년이 들어 백성들이 모두 어려운 생활을 하고 있었다. 그러던 어느날 밤 진식이 거처하는 곳으로 도둑이 몰래 들어와 대들보 위에 숨었다. 책을 읽고 있던 진식은 이를 눈치챘으나 모르는 척하고 계속 책읽기를 하다가 아들과 손자들을 불러들여 앉혔다. 그리고는 이렇게 훈계했다.

"사람은 항상 스스로 힘쓰고 반성해야 하느니라. 악한 사람도 원래 본성(本性)이 악해서 그런 것이 아니다. 처음에는 굶주리고 추운 것을 견뎌내지 못해 범죄를 저지르게 되는데, 그것이 계속되면 악한 성품으로 굳어버려 그야말로 나쁜 사람이 되고 마는 것이다. 이를테면 지금 저 대들보 위에 있는 군자(梁上君子)도 바로 그런 사람이니라."

그러자 이 말에 감동한 도둑이 대들보에서 뛰어내렸다. 그는 눈물을 흘리며 진식 앞에 머리를 조아리고 엎드려 사죄했다. 진식이 애처로워하는 눈길로 쳐다보았다.

"보아하니 악인(惡人)은 아닌 것 같구나. 오죽 어려웠으면 이런 짓을 했겠나."

진식은 이렇게 말하고는 그에게 비단 두 필을 주어 보냈다고 한다. 이 소문이 퍼지자 진식의 덕(德)을 칭송하는 소리가 온 나라 안에 자자했다고 한다.

▶**我田引水**(아전인수) : 내 논에 물대기. 곧, 자기에게만 유리하게 한다는 뜻.

▶**眼高手卑**(안고수비) : 마음은 크고 눈은 높으나 재주가 없어서 이루지 못함을 이르는 말.

▶**眼下無人**(안하무인) : 눈 아래 사람이 없음. 곧, 사람을 업신 여기고 교만함.

▶**藥房甘草**(약방감초) : 어떤 일에나 빠짐없이 끼는 사람이나 불가결의 사물.

▶**弱肉强食**(약육강식) : 약한자는 강한자에게 먹힘.

▶**管鮑之交**(관포지교) : 중국의 춘추시대 관중과 포숙아와 친구라는 뜻으로, 친구 사이의 다정한 교제를 일컬음.

▶**金蘭之交**(금란지교) : 극히 친한 사이.

▶**巧言令色**(교언영색) : 남의 환심을 사려고 아첨하는 교묘한 말과 보기좋게 꾸미는 얼굴 빛.

▶**矯角殺牛**(교각살우) : 결점이나 흠을 고치려다가 수단이 지나쳐 일을 그르침.

문제 44

다음 글과 같은 주장을 강화시킬 수 있는 근거가 될 수 있는 한자 성어는?

> :유·익훈 ·이 :세 가·짓 :벋·이오, :해·로온 ·이 :세 가·짓 :벋·이니, 直·딕훈 ·이·롤 :벋호·며, :신·실훈 ·이·롤 :벋호·며, 들·온·것 한 ·이·롤 :벋호·면 :유·익호·고, :거·동·만 니·근 ·이·롤 :벋호·며, 아 ·당호·기 잘 ·호·눈 ·이·롤 :벋호·며, :말·솜·만 니·근 ·이·롤 :벋호·면 해·로온이·라.

① 근묵자흑(近墨者黑)
② 관포지교(管鮑之交)
③ 금란지교(金蘭之交)
④ 교언영색(巧言令色)
⑤ 교각살우(矯角殺牛)

Guide
유익한 친구와 해로운 친구를 구별하여 사귈 것.

[정답 24쪽] [문제 7정답] ④

한자	훈	음	부수	총획수	쓰기						
眼	눈	안	目부	11	眼						
	필순: 目 目 目' 肝 眼										
下	아래	하	一부	3	下						
	필순: 一 丁 下										
無	없을	무	火부	12	無						
	필순: 一 亡 無 無 無										
人	사람	인	제부수	2	人						
	필순: 丿 人										
眼	눈	안	目부	11	眼						
	필순: 目 目 目' 肝 眼										
高	높을	고	제부수	10	高						
	필순: 一 古 高 高 高										
手	손	수	제부수	4	手						
	필순: 一 二 三 手										
卑	낮을	비	十부	8	卑						
	필순: 冂 甶 申 畁 卑										
梁	들보	량	木부	11	梁						
	필순: 氵 氵刀 氿 梁 梁										
上	윗	상	一부	3	上						
	필순: 丨 ㅏ 上										
君	임금	군	口부	7	君						
	필순: ⺈ 尹 尹 君 君										
子	아들	자	제부수	3	子						
	필순: 7 了 子										
我	나	아	戈부	7	我						
	필순: 一 手 扑 我 我										
田	밭	전	제부수	5	田						
	필순: 丨 冂 ⊞ 田 田										
引	끌	인	弓부	4	引						
	필순: ㄱ ㄱ 弓 引										
水	물	수	제부수	4	水						
	필순: 丨 刁 水 水										

고사성어 풀이 및 유래

▶**養虎遺患(양호유환)** : 호랑이를 길러 우환(憂患)을 남긴다는 뜻. 곧, 사정을 봐주다가는 훗날 되려 자신이 당할 수도 있음을 경고하는 말이다. 또는 훗날 말썽의 소지가 될 우려가 있는 일을 하는 것을 비유하는 말이다. 〈사기〉 '항우본기(項羽本紀)'에 나오는 말이다.

수년에 걸친 항우와 유방의 대결이 대단원으로 향하고 있던 때였다. 한때는 서초(西楚)의 패왕(霸王)을 칭하며 유방과의 라이벌전에서 이기는 것처럼 보였던 항우는, 충성스런 참모 범증(范增)마저 떠나보낸 후 유방에게 계속해서 패해 후퇴를 거듭하고 있었다. 기원전 203년 가을, 항우는 유방에게 밀리던 끝에 마지못해 유방의 강화에 응하고 인질로 잡아두었던 유방의 부모처자를 돌려주고 동으로 철수하게 되었다.

그때 참모인 장량과 진평은 이 기회야말로 천하의 패권을 잡는 데 다시없는 호기(好機)라고 여겨 이렇게 유방을 설득했다.

"지금 한왕(곧 유방)께서는 이미 천하의 태반을 차지하셨고, 제후들도 거의 우리편에 들어오고 있습니다. 그러나 초나라 병사(곧 항우의 병사)들은 지쳤고, 군량미마저 모자랍니다. 이는 바로 하늘이 초를 멸망시키려고 하는 좋은 기회이니, 때를 놓치지 말고 초를 쳐야 합니다. 지금 치지 않으면 '호랑이를 길러 스스로 우환을 남기는 일'이 될 것입니다(養虎自遺患也)."

이들의 설득에 유방은 곧 철수하고 있는 항우를 추격하기 시작했다. 초나라로 돌아가던 항우는 드디어 뒤쫓아온 유방의 군대에 겹겹이 포위되었고, 초군은 사면초가(四面楚歌) 속에서 완전히 멸망하고 만다. 항우도 스스로 자결하고 말았으니, 오랜 숙명의 경쟁은 이로써 끝이 난 것이었다.

▶**良藥苦口(양약고구)** : 효험이 좋은 약은 입에 쓰다는 뜻으로, 충언(忠言)은 귀에는 거슬리나 자신에게는 이롭다는 말.

▶**魚頭肉尾(어두육미)** : 물고기는 머리, 짐승의 고기는 꼬리 쪽이 맛있다는 뜻.

▶**魚頭鬼面(어두귀면)** : 물고기 머리에 귀신 얼굴이라는 뜻. 곧, 못생긴 얼굴을 말함.

▶**愛之重之(애지중지)** : 매우 사랑하고 귀중히 여김.

▶**語不成說(어불성설)** : 하는 말이 조금도 사리에 맞지 아니함. 말이 안 됨. 동 不成說(불성설)

▶**千載一遇(천재일우)** : 천년에 한 번 만남. 곧, 좀처럼 만나기 어려운 좋은 기회. 동 千歲一時(천세일시)

문제 45

밑줄 친 부분의 뜻을 지닌 한자 성어는?

"사람으로 났으믄 그래 안티 버린 곳이 있을 거 아닌가? 안티 버린 곳도 모르나?" "……."
"참 별일일세? 생인 죄인도 아닐 긴데 와 고향을 숨길꼬? 말 못할 사정이라도 있는가 배?"
구천이 얼굴에서 미소는 걷혔다. 눈에 칼날 같은 것이 번득였다. 그쯤 해 두었더라면 좋았을 것을. "까막까치도 고향이 있는 법인데, 아 그러지 않았던가 배? <u>객리에 가든 내 땅 까마귀만 봐도 반갑다러고.</u> 고향이 어디고?"하며 다그쳤다.

① 각골난망(刻骨難忘) ② 유유상종(類類相從)
③ 절치부심(切齒腐心) ④ 천재일우(千載一遇)
⑤ 호사수구(狐死首丘)

Guide
고향을 떠나면 고향에 대한 그리움이 강해진다는 뜻의 말.

문제 6 정답 ②

愛	사랑 애	心부	총획수 13	愛						
	필순: ⺤ ⺤ 惡 愛 愛									
之	어조사 지	ノ부	총획수 4	之						
	필순: ㇂ ㇇ 之									
重	무거울 중	里부	총획수 9	重						
	필순: 一 二 重 重 重									
之	어조사 지	ノ부	총획수 4	之						
	필순: ㇂ ㇇ 之									
魚	물고기 어	제부수	총획수 11	魚						
	필순: ⺈ 鱼 角 角 魚									
頭	머리 두	頁부	총획수 16	頭						
	필순: 口 豆 豇 頭 頭									
肉	고기 육	제부수	총획수 6	肉						
	필순: 丨 冂 内 内 肉									
尾	꼬리 미	尸부	총획수 7	尾						
	필순: ㇇ 尸 尸 屋 尾									
養	기를 양	食부	총획수 15	養						
	필순: 亠 羊 養 養 養									
虎	범 호	虍부	총획수 8	虎						
	필순: 卜 广 庐 虎 虎									
遺	남길 유	辵부	총획수 16	遺						
	필순: 口 典 貴 遺 遺									
患	근심 환	心부	총획수 11	患						
	필순: 口 吕 串 患 患									
良	좋을 량	艮부	총획수 7	良						
	필순: ㇀ ㇈ 自 良 良									
藥	약 약	艸부	총획수 19	藥						
	필순: 艹 苩 菡 藥 藥									
苦	쓸 고	艸부	총획수 9	苦						
	필순: 艹 艹 芢 苦 苦									
口	입 구	제부수	총획수 3	口						
	필순: 丨 冂 口									

고사성어 풀이 및 유래

▶**漁父之利**(어부지리) : 황새와 조개가 서로 싸우는 바람에 어부가 둘 다 잡아 이익을 보았다는 뜻이다. 두 사람이 이해 관계로 서로 다투는 사이에 제삼자가 이득을 보는 경우를 빗대어 말한 것이다. '방휼지쟁(蚌鷸之爭)'과 같은 뜻이다. 〈전국책(戰國策)〉'연책(燕策)'에 나온다.

전국시대, 진(秦)나라에 대항하는 여러 나라들이 합종연횡(合從連橫)의 대책들을 서로 들고 나와 천하가 한창 어지러운 때였다. 소진(蘇秦)과 장의(張儀)가 대표적인 종횡가(縱橫家 : 합종 연횡술에 밝은 사람)였지만, 소진의 아우 소려(蘇厲)와 소대(蘇代)도 형 못지않은 유세객(遊說客)이었다. 소려는 주(周)의 난왕(赧王)에게 '백발백중(百發百中)'의 비유를 인용하고(〈史記〉'周本記'), 소대는 '어부지리'의 비유를 인용했다는 이야기는 유명하다.

중국의 동북방에 있었던 연(燕)나라는 이웃한 서쪽의 조(趙)나라와 남쪽의 제(齊)나라와 긴장 상태를 유지하고 있었다. 한때 연나라에 기근이 들자 조(趙)나라 혜문왕(惠文王)은 기다렸다는 듯이 침략 준비를 서둘렀다. 연나라 소왕(昭王)은 제나라에 군대를 파병하고 있던 터라 조나라와의 전쟁을 피하고자 했으므로, 소대에게 조나라를 설득해 주도록 부탁했다. 소대는 다음과 같이 혜문왕을 설득했다.

"오늘 이 나라에 들어오는 길에 역수(易水 : 연나라, 조나라와 국경을 이루는 강)를 건너다 문득 강변을 보았습니다. 거기에는 마침 조개(蚌蛤 : 방합)가 입을 벌리고 햇볕을 쬐고 있었는데 갑자기 도요새(鷸 : 휼)가 날아와 조개의 속살을 부리로 쪼았습니다. 화가 난 조개가 입을 굳게 다무는 바람에 도요새는 그만 부리를 끼이고 말았습니다. 도요새가 아무리 머리를 흔들어도 화가 난 조개는 입을 꼭 다물고 부리를 놓아주지 않았습니다. 다급해진 도요새가 '내가 이렇게 버티고 서서 오늘도 내일도 비가 오지 않으면 너는 말라 죽고 말 것이다'라고 하자, 조개도 '내가 이대로 오늘도 내일도 놓아주지 않으면 너도 굶어 죽고 말 것이다'라고 맞대면서 버텼습니다. 이렇게 서로 한치의 양보도 없이 팽팽히 맞서 옥신각신하는 사이에 마침, 그곳을 지나던 어부가 둘을 발견하고는 냉큼 어망에 집어넣었습니다. 지금 조나라가 연나라를 쳐서 조나라와 연나라가 서로 오랫동안 싸우다가 백성들이 피폐하게 되면, 저는 강한 진(秦)나라가 어부가 될까 걱정됩니다. 원컨대 왕께서는 깊이 생각하소서." 혜왕은 이 말을 듣고 연나라 침공을 포기했다.

▶**抑强扶弱**(억강부약) : 강한 자를 누르고 약한 자를 도와 줌.

▶**億兆蒼生**(억조창생) : 수 많은 백성.

▶**焉敢生心**(언감생심) : ① 감히 그런 마음을 먹을 수도 없음. ② 언감생심이지의 뜻.

▶**言中有骨**(언중유골) : 예사로운 말속에 단단한 속뜻이 들어 있음.

▶**言則是也**(언즉시야) : 말인즉 사리에 맞음.

문제 46

밑줄 친 부분을 인생사(人生事)로 유추하였을 때 이를 가리키기에 적당한 한자 성어는?

> 소자 말하되 "손도 저 물과 달을 아는가? 가는 것은 이와 같으되 일찍이 가지 않았으며, <u>차고 비는 것이 저와 같으되</u> 마침내 줄고 늚이 없으니, 변하는 데서 보면 천지(天地)도 한 순간일 수밖에 없으며, 변하지 않는 데서 보면 사물과 내가 다 다함이 없으니 또 무엇을 부러워하리요?

① 영고성쇠(榮枯盛衰)
② 염량세태(炎涼世態)
③ 새옹지마(塞翁之馬)
④ 감탄고토(甘呑苦吐)
⑤ 면종복배(面從腹背)

Guide
달이 차고 비는 것은 흔히 인간의 흥망성쇠에 비견되고 있다.

정답 20쪽 | 문제 5 정답 ①

한자	훈	음	부수	총획수	필순
言	말씀	언	제부수	7	一 二 三 亖 言
中	가운데	중	ㅣ부	4	丨 冂 口 中
有	있을	유	月부	6	丿 ナ 冇 有
骨	뼈	골	제부수	10	冂 冎 骨
億	억	억	人부	15	亻 亻⺌ 億 億 億
兆	조	조	儿부	6	丿 刂 兆 兆 兆
蒼	푸를	창	艹부	14	艹 茾 蒼 蒼 蒼
生	날	생	제부수	5	丿 ㅗ 牛 牛 生
漁	고기잡을	어	水부	14	氵 汓 漁 漁 漁
父	아비	부	제부수	4	八 ク 父
之	어조사	지	丿부	4	丶 ナ 之
利	이로울	리	刂부	7	二 千 禾 利 利
抑	누를	억	手부	7	扌 扌 扣 抑 抑
强	굳셀	강	弓부	11	弓 弘 强 强 强
扶	도울	부	扌부	7	扌 扌 扶 扶 扶
弱	약할	약	弓부	10	弓 弓 弓⺈ 弱 弱

고사성어 풀이 및 유래

▶ 緣木求魚(연목구어) : 나무에 올라가 물고기를 구한다. 곧, 도저히 불가능한 일을 하려고 함을 비유하는 말이다. 잘못된 방법으로 목적을 이루려고 하는 경우와 애써 수고만 하고 아무것도 얻지 못하는 경우에도 쓰이는 말이다. 〈맹자(孟子)〉 '양혜왕(梁惠王)' 편에 나온다.

전국시대 제후들을 찾아다니며 유교의 인의(仁義)사상과 왕도정치(王道政治)를 설파하던 맹자는 제나라 선왕(宣王)을 찾아갔다. 그러나 선왕은 오직 힘있는 자가 최고인 패도정치(霸道政治)에만 관심을 갖고 다음과 같이 물었다.

"춘추시대 패자(霸者)였던 제나라 환공(桓公)과 진(晉)나라 문공(文公)의 사업에 대해 듣고 싶습니다."

맹자는 이 말을 듣자 대뜸 이렇게 되물었다.

"전하께서는 패도에 따른 전쟁으로 백성은 목숨을 잃게 되고, 이웃나라 제후들과는 원수가 되기를 원하십니까?"

맹자의 물음에 선왕은 웃기만 하고 입을 열지 않았다. 맹자 앞에서 패자가 되고자 한다는 말을 하기가 쑥스러웠기 때문이었다. 맹자는 선왕의 의중을 꿰뚫어 보고 말했다.

"전하의 대망(大望)은 천하통일을 하여 사방의 오랑캐들까지 복종케 하려는 것이 아닙니까? 그러나 무력으로 그것을 이루려고 하는 것은 마치 '나무에 올라가 물고기를 구하는 것'과 같은 일입니다."

선왕은 깜짝 놀라서 물었다.

"아니, 그것이 그토록 무리한 일입니까?"

"오히려, 그보다 더 심한 셈이지요. 나무에 올라 물고기를 구하는 일은 물고기만 구하지 못할 뿐 후에 다른 재앙은 없습니다. 그러나 군대를 일으켜 천하의 패자가 되려고 한다면 마음과 힘을 다하여 노력하더라도 뒤에는 반드시 재앙이 따를 것입니다."

이렇게 말하고 난 다음 맹자는 선왕에게 근본에 힘쓸 것을 강조하였다. 여기서 근본이란, 우선 자기 나라 안의 백성들부터 풍족히 살 수 있도록 현명하고 어진 정치를 펴는 것을 말한다. 그리되면 임금의 덕치(德治)에 감화를 받아 천하의 백성들이 모여들 것이고, 자연히 임금은 천하의 왕자(王者)가 될 것이라는 말이었다.

▶ 如履薄氷(여리박빙) : 살얼음을 밟는 것과 같음. 곧, 처세에 극히 조심함을 이르는 말.

▶ 與民同樂(여민동락) : 임금이 백성과 함께 즐김. 동 與民偕樂(여민해락)

▶ 與世推移(여세추이) : 세상의 변함을 따라 함께 변함. 동 與世浮沈(여세부침)

▶ 易地思之(역지사지) : 처지를 바꾸어서 생각함.

▶ 女必從夫(여필종부) : 아내는 반드시 남편을 따라야 한다.

문제 47

문맥적 의미로 보아 밑줄 친 부분과 바꾸어 쓰기에 적당한 한자 성어는?

> 역경으로서 지옥 이상의 역경이 있으랴마는 조달은 거기에 대해서 능히 사선천(四禪天)의 무상락(無上樂)을 맛보았으니, 그것은 일체유심(一切唯心)의 화현(化現)이거니와 미상불 통쾌한 일이다. 사람으로서 석가 여래가 못 될진대 차라리 조달이 될 것이다. <u>조운모우(朝雲暮雨)</u>의 기회주의자들, 인생으로서 가련하지 아니한가. 회산양릉(懷山襄陵)의 준랑(駿浪)인들 어찌 지주(砥柱)를 움직이며, 질풍 폭우의 회야(晦夜)인들 어찌 계명(鷄鳴)을 저지하랴. 역경이라는 것은 겁자(怯者)의 눈에 보이는 신기루일 뿐이다.

① 조령모개(朝令暮改) ② 조삼모사(朝三暮四) ③ 조동모서(朝東暮西)
④ 조생모몰(朝生暮沒) ⑤ 조운모월(朝雲暮月)

Guide
정한 곳없이 이리 저리 옮아 다님.

정답 18쪽 문제 4정답 ①

한자	훈	음	부수	총획수	필순
女	계집	녀	제부수	3	丿 女 女
必	반드시	필	心부	5	丶 丿 必 必 必
從	따를	종	彳부	11	彳 𢓊 彵 従 從
夫	지아비	부	大부	4	一 二 ナ 夫
與	더불	여	臼부	14	丨 F 臼 與 與
民	백성	민	氏부	5	二 尸 尸 民
同	한가지	동	口부	6	丨 冂 同 同 同
樂	즐거울	락	木부	15	白 䋣 樂 樂 樂
緣	인연	연	糸부	15	糸 紀 絆 緣 緣
木	나무	목	제부수	4	一 十 才 木
求	구할	구	水부	7	一 丁 寸 求 求
魚	물고기	어	제부수	11	𠂊 伖 伯 魚 魚
如	같을	여	女부	6	女 女 如 如 如
履	밟을	리	尸부	15	尸 尸 屛 屨 履
薄	엷을	박	艸부	17	艹 芦 薄 薄 薄
氷	얼음	빙	水부	5	丨 丨 氺 氷 氷

고사성어 풀이 및 유래

▶ **五里霧中(오리무중)** : 사방(四方) 5리에 안개가 덮여 있는 속. 곧, 먼데까지 낀 안개 속에서 길을 찾기가 어려운 것과 같이 어떤 일의 추이를 알 수 없는 것을 비유하는 말이다. 〈후한서(後漢書)〉 '장해전(張楷傳)'에 나온다.

후한(後漢) 순제(順帝) 때 장해(張楷)라는 학자가 있었다. 학문이 깊다는 그의 명성을 들은 순제가 여러 번 등용하려 했지만 그때마다 장해는 병을 핑계대고 끝내 벼슬에 나아가지 않았다. 그것은 환관들이 날뛰던 당시 조정을 혐오해서 벼슬자리를 그만두었던 그의 아버지 장패(張霸)의 뜻을 이어받은 때문이기도 했다.

벼슬에는 나아가지 않았지만 장해의 학문은 일찍이 세상에 알려져 그의 문하에는 백여 명이 넘는 제자가 항상 모여 있었고, 그가 화음산(華陰山) 밑에 은거하고 있을 때에는 추종자들이 계속해서 모여들어 그곳에 그의 자(字)를 딴 공초시(公超市)라는 장이 생길 정도였다고 한다.

그런데 장해는 학문뿐 아니라 도술(道術)에도 능했다. 그는 귀찮은 사람이 찾아올까 봐 방술(方術)로써 사방 5리에 이르는 안개를 일으켜 자신이 있는 곳을 못 찾게 만드는 일이 종종 있었다고 한다.

그 당시 관서(關西) 출신의 배우(裵優)라는 자가 있었는데, 그 역시 안개를 일으키기는 했지만 그것이 3리밖에 되지 않았다. 그래서 배우는 장해를 찾아가 5리에 이르는 안개를 일으킬 도술을 배우려고 했지만, 장해가 5리 안개를 일으켜 숨는 바람에 못 찾고 말았다는 이야기가 전한다.

오늘날 흔히 쓰이는 '오리무중'이라는 말은 바로 장해가 일으키곤 했었다는 이 '오리무(五里霧)'에서 비롯된 말이다.

▶ **連戰連勝(연전연승)** : 싸울 때마다 잇따라 이김.

▶ **念念不忘(염염불망)** : 항상 생각하며 잊지 않음.

▶ **榮枯盛衰(영고성쇠)** : 개인이나 사회의 성하고 쇠함이 서로 뒤바뀌는 현상. 동 興亡盛衰(흥망성쇠)

▶ **英雄豪傑(영웅호걸)** : 영웅과 호걸.

▶ **傲慢不遜(오만불손)** : 잘난 체하며 방자하고 겸손하지 못함.

▶ **難兄難弟(난형난제)** : 누구를 형이라 하고 누구를 동생이라 할지 분간하기가 어려움. 곧, 옳고 그름이나 우열을 가리기가 어렵다는 말.

▶ **孤城落日(고성낙일)** : 남의 도움을 받지 못하는 몹시 외로운 정상의 비유.

▶ **泥田鬪狗(이전투구)** : 진흙 속에서 싸우는 개와 같이 엉망진창인 모습.

▶ **命在傾刻(명재경각)** : 목숨이 경각에 있음. 곧, 죽게 되어 숨이 곧 끊을 지경에 이름.

문제 48

밑줄 친 부분과 같은 상황을 나타내기에 가장 적당한 한자 성어는?

> 신라(新羅)와 고구려(高句麗)와 백제(百濟)가 나라를 세워 <u>솥발처럼 맞서서</u> 능히 예(禮)로써 중국(中國)과 통(通)하여 범엽(范曄)의 한서(漢書)와 송기(宋祁)의 당서(唐書)에 다 열전(列傳)이 있기는 하오나, 그에는 자기 국내(國內)의 일은 상세(詳細)히 하고 국외(國外)의 일은 생략(省略)하여 조금도 갖추어 싣지 못하였고, 또 고기(古記)라는 것도 문자(文字)가 거칠고 졸(拙)하며 사적(事蹟)이 누락(漏落)되고 망실(亡失)되었사옵니다.

① 호각지세(互角之勢)
② 난형난제(難兄難弟)
③ 고성낙일(孤城落日)
④ 이전투구(泥田鬪狗)
⑤ 명재경각(命在傾刻)

Guide 서로가 뿔을 마주대고 있는 형세의 뜻.

정답 16쪽 | 문제 3정답 ①

榮	영화	영	木부	총획수 14	榮						
	필순: ⺍ 炏 燚 烩 榮										
枯	마를	고	木부	총획수 9	枯						
	필순: 十 木 杧 枯 枯										
盛	성할	성	皿부	총획수 12	盛						
	필순: 厂 成 盛 盛 盛										
衰	쇠잔할	쇠	衣부	총획수 10	衰						
	필순: 亠 产 亩 衮 衰										
念	생각	념	心부	총획수 8	念						
	필순: 人 今 念 念										
念	생각	념	心부	총획수 8	念						
	필순: 人 今 念 念										
不	아닐	불	一부	총획수 4	不						
	필순: 一 ノ 不 不										
忘	잊을	망	心부	총획수 7	忘						
	필순: 亠 亡 忘 忘										
五	다섯	오	二부	총획수 4	五						
	필순: 一 厂 五 五										
里	마을	리	제부수	총획수 7	里						
	필순: 口 日 甲 里 里										
霧	안개	무	雨부	총획수 19	霧						
	필순: 雨 雲 霚 霧 霧										
中	가운데	중	ㅣ부	총획수 4	中						
	필순: 丨 冂 口 中										
連	이을	련	辵부	총획수 10	連						
	필순: 冂 車 車 連 連										
戰	싸움	전	戈부	총획수 16	戰						
	필순: 門 單 單 戰 戰										
連	이을	련	辵부	총획수 10	連						
	필순: 冂 車 車 連 連										
勝	이길	승	力부	총획수 12	勝						
	필순: 月 胖 朕 勝 勝										

고사성어 풀이 및 유래

▶ **吳越同舟(오월동주)** : 오나라와 월나라 사람이 한 배를 타고 있음. 곧, 적대 관계에 있는 사람끼리 같은 처지에 놓이게 된 것을 비유하는 말이다. 또 적의를 품은 사람끼리라도 필요한 경우에는 서로 돕는다는 뜻으로 쓰인다. 〈손자(孫子)〉 '구지(九地)'편에 나오는 말에서 유래되었다.

〈손자병법〉이라고 알려져 있는 〈손자〉라는 책은 유명한 병서(兵書)로서 춘추시대 오나라의 손무(孫武)가 쓴 것으로 그 '구지'편에 다음과 같은 글이 있다.

'병(兵)을 쓰는 법에는 아홉 가지의 '지(地:처지, 경우)'가 있다. 그중 최후의 것을 사지(死地)라 하는데, 이는 분연히 일어서 싸우면 살 길이 있지만 겁을 내어 망설이면 패망하고 마는 필사(必死)의 지이다. 따라서 사지에 있을 때는 싸운다면 살 길이 트인다. 나아갈 수도 물러설 수도 없는 처지에 놓이면 병사들이 필사적으로 싸울 것이기 때문이다. 그러므로 유능한 장수의 용병술(用兵術)이라면, 예컨대 솔연(率然:常山에 사는 엄청나게 큰 뱀)과 같아야 한다. 머리를 치면 꼬리로 덤비고, 꼬리를 치면 머리가 덤벼들며, 그 중간 몸통을 치면 머리와 꼬리가 한꺼번에 덤벼든다.

예부터 오나라와 월나라는 원수지간으로, 백성들도 서로를 미워하고 있다. 그러나 오나라 사람과 월나라 사람이 같은 배를 타고 강을 건너게 되었다고 치자, 강 한복판에 이르렀을 때 갑자기 큰 바람이 불어 배가 뒤집히려 한다면 오나라 사람이나 월나라 사람은 평소의 적개심을 잊고 필사적으로 협력하여 풍랑을 헤쳐 나갈 것이니, 서로 구원하는 그 모습은 마치 왼손과 오른손이 서로 돕는 것 같을 것이다. 전차(戰車)를 끄는 말들을 서로 단단히 붙들어매고 바퀴를 땅에 묻고서 적에 대한 방비를 튼튼히 하더라도 결국 최후에 의지가 되는 것은 그런 것 따위가 아니다. 의지가 되는 것은 오로지 필사적으로 뭉친 병사들의 마음일 것이다.

▶ **寤寐不忘(오매불망)** : 자나 깨나 잊지 못함.

▶ **吾鼻三尺(오비삼척)** : 내 사정이 급해서 남을 돌볼 겨를이 없음. 곧, 내 코가 석자다.

▶ **烏飛梨落(오비이락)** : 까마귀 날자 배 떨어진다. 곧, 우연한 일치로 남의 혐의를 받다.

▶ **烏飛一色(오비일색)** : 날고 있는 까마귀가 모두 같은 빛깔이라는 뜻으로 피차 똑같음을 이르는 말.

▶ **烏合之卒(오합지졸)** : 까마귀가 모여있는 무리. 곧, 까마귀떼같이 질서없는 무리나 갑자기 모여든 훈련도 받지 못한 병졸을 이르는 말이다. 어중이 떠중이라는 말이 바로 이것이다. 〈후한서(後漢書)〉 '경엄전(耿弇傳)'에 나오는 말이다. 同 烏合之衆(오합지중)

문제 49

밑줄 친 부분과 같은 경우를 가르키는 한자 성어는?

> 진리의 대응설이 비판받는 것은 근본적으로 다음과 같은 어려움 때문이다. 대응설 자체적인 모순이 바로 대응설을 비판하게 만든다. 다시 말하면 대응설이란 대상과 판단, 그리고 사물과 지성의 일치 여부를 비교하여 어떤 판단의 진위를 결정하는 진리론이다.

① 조족지혈(鳥足之血) ② 탁상공론(卓上空論)
③ 자가당착(自家撞着) ④ 천방지축(天方地軸)
⑤ 삼분오열(三分五裂)

Guide
앞과 뒤가 서로 어긋나는 모순.

정답 14쪽 | 문제 2정답 ①

烏飛梨落吾鼻三尺吳越同舟寤寐不忘	까마귀	오	火부	총획수 10	烏飛梨落吾鼻三尺吳越同舟寤寐不忘						
	필순: 丿 丆 冃 鳥 烏										
	날	비	제부수	총획수 10							
	필순: 乁 飞 飛 飛 飛										
	배	리	木부	총획수 11							
	필순: 千 禾 利 梨 梨										
	떨어질	락	艸부	총획수 13							
	필순: 艹 艹 茨 落 落										
	나	오	口부	총획수 7							
	필순: 一 丅 五 五 吾										
	코	비	제부수	총획수 14							
	필순: 宀 自 鼻 鼻 鼻										
	석	삼	一부	총획수 3							
	필순: 一 二 三										
	자	척	尸부	총획수 4							
	필순: 一 ㄱ 尸 尺										
	나라이름	오	口부	총획수 7							
	필순: 口 吕 呂 吳 吳										
	넘을	월	走부	총획수 12							
	필순: 耂 走 赴 越 越										
	한가지	동	口부	총획수 6							
	필순: 丨 冂 冋 同 同										
	배	주	제부수	총획수 6							
	필순: 丿 丆 力 月 舟										
	잠깰	오	宀부	총획수 14							
	필순: 宀 宀 疒 寤 寤										
	잠잘	매	宀부	총획수 12							
	필순: 宀 宀 疒 寐 寐										
	아닐	불	一부	총획수 4							
	필순: 一 丆 不 不										
	잊을	망	心부	총획수 7							
	필순: 亠 亡 忘 忘										

고사성어 풀이 및 유래

▶**臥薪嘗膽(와신상담)** : 섶 위에서 잠을 자고 쓸개를 핥는다. 곧, 원하는 바를 달성하기 위해 온갖 괴로움을 참고 견디는 것을 비유하는 말이다. 이 유명한 고사는 월왕(越王) 구천(勾踐)과 오왕(吳王) 부차(夫差)의 숙명의 대결에서 유래한 것으로, 〈사기(史記)〉 '조세가(趙世家)'에 나온다.

오왕이 된 부차는 부왕(父王)의 유명(遺命)의 한시도 잊지 않으려고 '섶 위에서 잠을 자고(臥薪)' 복수를 다짐했다.

이처럼 이를 갈며 준비하기 3년후, 부차의 복수심을 안 월왕 구천이 선제공격을 해왔다. 월나라 군사는 복수심에 불타는 오나라 군사에 대패하여 부차에게 항복했다. 부차는 구천의 투항을 받아들이고 귀국까지 허락했다.

한편 목숨을 건진 월왕 구천은 이후 항상 곁에다 쓸개를 놓아두고 앉으나 서나 그 '쓴맛을 맛보며(嘗膽)' 치욕을 상기했다. 그로부터 12년후, 부차가 천하의 패자가 되기 위해 기(杞)의 땅에서 제후들과 회맹(會盟)하고 있는 사이에 구천은 군사를 이끌고 오나라를 쳐들어 갔다. 그로부터 7년만에 구천은 부차를 굴복시키고 승리하여 치욕을 씻게 되었다. 그후 구천은 부차를 대신하여 천하의 패자가 되었다.

▶**玉石俱焚(옥석구분)** : 옥(玉)과 돌(石)이 함께 타다. 곧, 좋은 것과 나쁜 것이 함께 망해버리는 것을 비유하는 말이다. 〈서경〉 '하서(夏書)', '윤정(胤征)' 편에 나온다. 동 玉石同碎(옥석동쇄)

불이 곤륜산에 붙으면 옥과 돌이 다함께 타고 만다. 천리(千吏)가 그 덕을 잃게 되면 그 해독은 사나운 불보다 무섭다. 그 괴수는 죽일지라도 마지 못해 따라 한 사람은 죄 주지 않는다. 오래 물들은 더러운 습성을 버리고 다함께 새로운 사람이 되라.(火炎崑岡 玉石俱焚 天吏逸德 烈于猛火)

'윤정(胤征)'은 윤후(胤侯)가 하왕(夏王)의 명령으로 희화(羲和)를 치러갈 때 한 선언문이었다.

착한 사람과 악한 사람이 함께 화를 입는 것을 옥석구분이라고 한다. 전쟁으로 인한 옥석구분, 천재지변으로 인한 옥석구분, 정권 투쟁으로 인한 옥석구분, 다른 사람때문에 피해 입는 사람이 매우 많다.

▶**溫故知新(온고지신)** : 옛 것을 연구해 새 지식이나 견해를 폄.

▶**外柔內剛(외유내강)** : 겉은 부드럽고 순한듯 하나 속은 꿋꿋하고 곧음.

▶**樂山樂水(요산요수)** : 산을 좋아하고 물을 좋아함. 곧, 산수의 경치를 좋아함.

▶**燎原之火(요원지화)** : 무서운 기세로 타나가는 벌판의 불이란 뜻으로 세력이 대단해서 막을 수 없음의 비유.

문제 50

밑줄 친 부분과 같은 경우를 일컫는 한자 성어는?

정월 대보름날 새벽에 '부럼 먹는다.'하는 것이 있다. 날밤, 호두, 은행, 잣 등의 딱딱한 껍질의 과일을 깨물고 "일 년 열두 달 무사태평하고, 부스럼 종기 하나 나지 맙소서."하고 기원하는 것인데, 여기서 부럼이란 말은 한자로는 종과(腫果)라고 하는 것이며, 또 하나의 부스럼의 준말이기도 하니, 곧, 피부의 종기(腫氣)를 함께 일컫는 말이다. <u>다시 말하면 부럼은 같은 부럼으로, 다리는 같은 다리로 예방한다는 뜻이라 할 수 있다.</u>

① 이열치열(以熱治熱)
② 이심전심(以心傳心)
③ 유유상종(類類相從)
④ 초록동색(草綠同色)
⑤ 오월동주(吳越同舟)

Guide
부럼은 부럼으로 다리는 다리로 예방한다. 같은 것은 같은 것으로 다스린다.

문제 1 정답 ②

한자	훈	음	부수	총획수	쓰기					
樂	좋아할	요	木부	15	樂					
	필순: 白 維 樂 樂 樂									
山	메	산	제부수	3	山					
	필순: 丨 山 山									
樂	좋아할	요	木부	15	樂					
	필순: 白 維 樂 樂 樂									
水	물	수	제부수	4	水					
	필순: 丨 刁 水 水									
溫	따뜻할	온	水부	13	溫					
	필순: 氵 沪 沪 溫 溫									
故	연고	고	攴부	9	故					
	필순: 十 古 古 故 故									
知	알	지	矢부	8	知					
	필순: 스 ケ 矢 知 知									
新	새	신	斤부	13	新					
	필순: 辛 亲 新 新 新									
玉	구슬	옥	제부수	5	玉					
	필순: 一 丁 千 王 玉									
石	돌	석	제부수	5	石					
	필순: 一 ㄏ 丆 石 石									
俱	함께	구	人부	10	俱					
	필순: 亻 伹 伹 俱 俱									
焚	불사를	분	火부	12	焚					
	필순: 十 木 林 林 焚									
臥	누를	와	臣부	8	臥					
	필순: 丨 尸 臣 臣 臥									
薪	섶나무	신	艸부	17	薪					
	필순: 艹 艽 薪 薪 薪									
嘗	맛볼	상	口부	14	嘗					
	필순: 𫩏 甞 甞 甞 嘗									
膽	쓸개	담	肉부	17	膽					
	필순: 月 朊 朧 膽 膽									

고사(사자)성어 풀이

- 龍頭蛇尾(용두사미) : 용의 머리에 뱀의 꼬리. 곧 시작은 거창하나 결국엔 별 볼 것이 없음을 뜻함.

- 遠交近攻(원교근공) : 먼나라와는 우호관계를 맺고 가까운 나라를 공략하는 정책.

- 愚問賢答(우문현답) : 어리석은 질문에 대한 현명한 대답.

- 迂餘曲折(우여곡절) : 돌고 휘어 구부러짐. 곧, 사정이 뒤얽혀 몇 번이고 변화함.

- 優柔不斷(우유부단) : 어물 어물하며 딱 잘라 결단을 못 내림.

- 牛耳讀經(우이독경) : 아무 소득이 없는 헛된 일에 비유하는 속담. 쇠귀에 경읽기와 같음.

- 雨後竹筍(우후죽순) : 비가 온뒤에 죽순처럼, 어떤 일이 한 때에 많이 일어남에 비유.

- 知行合一(지행합일) : 양명학(陽明學)의 중심 개념. 참다운 지식은 반드시 실천이 따라야 한다는 것.

- 韋編三絶(위편삼절) : 책을 엮은 죽간(竹簡)의 끈이 세 번이나 끊어짐. 독서에 힘씀을 이르는 말.

- 遠禍召福(원화소복) : 불행을 물리치고 복을 부름.

- 危機一髮(위기일발) : 조금도 여유가 없이 아슬 아슬하게 닥친 위기의 순간.

- 有口無言(유구무언) : 변명이나 항변할 말이 없음. 곧, 입은 있어도 말은 없음.

- 類萬不同(유만부동) : ① 많은 것이 모두 서로 같지 않음. ② 정도에 넘음. ③ 분수에 맞지 않음.

- 遺芳百世(유방백세) : 꽃다운 이름이 후세에 길이 전함.

- 獨不將軍(독불장군) : 혼자서는 장군이 못 된다는 뜻으로, 혼자 잘난 척 뽐내다가 따돌림을 받는 외로운 사람.

- 眼下無人(안하무인) : 눈 아래 사람이 없음. 곧, 교만하여 사람들을 업신여김.

- 隱忍自重(은인자중) : 마음 속에 감추어 참고 견디면서 신중하게 행동함.

- 窈窕淑女(요조숙녀) : '그윽하고 정숙한 숙녀는 군자의 좋은 짝이로다'라는 뜻. 행실과 품행이 고운 여인은 군자의 좋은 배필이 된다는 말로서 〈시경(詩經)〉 '주남(周南)'편에 나오는 노래 구절이다.

- 欲速不達(욕속부달) : 일을 서두르면 도리어 이루지 못함.

- 龍味鳳湯(용미봉탕) : 맛이 아주 좋은 음식의 비유한 말.

- 龍蛇飛騰(용사비등) : 용이 움직이는 것 같이 아주 활기있는 필력을 가리키는 말.

- 龍虎相搏(용호상박) : 용과 호랑이가 서로 싸움. 곧, 두 강자가 서로 싸운다는 뜻.

- 泣斬馬謖(읍참마속) : 울면서 마속을 벤다. 곧, 공정한 일의 처리를 위해 사사로운 정을 버리는 (일).

- 有備無患(유비무환) : 준비가 있으면 근심할 것이 없음.

- 類類相從(유유상종) : 같은 무리끼리 서로 왕래하며 사귐.

- 隱忍自重(은인자중) : 마음속으로 참으며, 몸가짐은 신중히 함.

- 陰德陽報(음덕양보) : 음덕을 쌓으면 남이 알게 행복을 받는다는 뜻.

- 吟風弄月(음풍농월) : 맑은 바람과 밝은 달에 대하여 시를 짓고 즐겁게 놂.

고사(사자)성어 풀이

▶ **以心傳心**(이심전심) : 마음에서 마음으로 뜻이 통함. 또는 글자나 말에 의하지 않고 이법(理法)을 마음에서 마음으로 전함. '염화미소(拈華微笑)'와 같음

▶ **人生朝露**(인생조로) : 인생은 아침 이슬과 같다. 곧, 해가 뜨면 곧 말라 스러지고 마는 아침 이슬과 같이 인생은 짧고 덧없다는 말이다.

▶ **以熱治熱**(이열치열) : 열은 열로 다스림. 곧, 힘은 힘으로 물리침.

▶ **離合集散**(이합집산) : 헤어졌다가 만남. 떨어뜨림과 맞춤.

▶ **因果應報**(인과응보) : 사람이 짓는 선악의 인업(因業)에 응하여 과보가 있음. 또 그 과보. 㽞 果報(과보)

▶ **人山人海**(인산인해) : 사람이 아주 많이 모여 있는 상태.

▶ **因循姑息**(인순고식) : 구습을 안 고치고 목전에 구안(苟安)만 취함.

▶ **輾轉不寐**(전전불매) : 누워서 이리저리 뒤척거리며 잠을 못이룸.

▶ **一擧兩得**(일거양득) : 한 가지 일로써 두 가지 이득을 얻는다. 일석이조(一石二鳥) 일전쌍조(一箭雙鳥)와도 뜻이 비슷함.

▶ **臥薪嘗膽**(와신상담) : 섶에 누워서 쓸개를 맛본다는 뜻으로, 원수를 갚기위해 괴로움을 참고 견디어 심신을 단련함을 비유한 말이다. 이 유명한 고사는 월왕(越王) 구천(勾踐)과 오왕(吳王) 부차(夫差)의 숙명의 대결에서 유래한 것으로, 〈사기(史記)〉'조세가(趙世家)'에 나온다.

▶ **依官杖勢**(의관장세) : 벼슬을 등에 업고 권세를 부림. 관리가 직권을 남용하여 민폐를 끼침.

▶ **以民爲天**(이민위천) : 백성을 하늘같이 소중히 여긴다는 말.

▶ **以死爲限**(이사위한) : 죽기를 작정하고 함.

▶ **以實直告**(이실직고) : 사실 그대로 고함. 㘴 以實告之(이실고지)

▶ **二律背反**(이율배반) : 서로 모순되는 두 개의 명제. 곧, 정립(定立)과 반립(反立)이 동등한 권리로서 주장됨.

▶ **傲慢不遜**(오만불손) : 잘난 체하며 방자하고 겸손하지 못함.

▶ **自暴自棄**(자포자기) : 절망 상태에 빠져서 자신을 버리고 돌보지 아니함.

▶ **巧言令色**(교언영색) : 발라맞추는 말과 알랑거리는 낯빛이라는 뜻으로, 남의 환심을 사기 위해 아첨하는 말과 보기 좋게 꾸미는 표정을 말한다. 〈논어〉'학이(學而)'편에 '교언영색 선의인(巧言令色 鮮矣仁)'이라고 한 공자의 말에서 유래되었다.

▶ **因人成事**(인인성사) : 남의 힘으로 일을 이룸.

▶ **仁者無敵**(인자무적) : 어진 사람은 모든 사람을 사랑 하므로 천하에 적대하는 사람이 없음.

▶ **人之常情**(인지상정) : 사람이 보통 가질 수 있는 인정.

▶ **一刻千金**(일각천금) : 잠깐의 동안도 귀중하기가 천금과 같음. (좋은 계절 등에 씀)

▶ **日居月諸**(일거월저) : 쉼없이 가는 세월.

고사(사자)성어 풀이

▶ **一網打盡**(일망타진) : 한번 그물을 쳐서 물고기를 다 잡는다. 곧, 한꺼번에 어떤 무리를 모조리 잡는다는 뜻.

▶ **一衣帶水**(일의대수) : 한 가닥 옷의 띠만한 좁은 강물이나 바닷물. 곧, 강이나 해협의 간격이 매우 좁음을 뜻함.

▶ **一瀉千里**(일사천리) : ① 강물의 수세가 빨라 한번 흘러 천리 밖에 다다름. ② 사물이 거침없이 진행됨. ③ 문장·구변이 거침없음.

▶ **一石二鳥**(일석이조) : 한 가지의 일을 하여 두 가지의 이익을 거둠. 동 一擧兩得(일거양득)

▶ **一視同仁**(일시동인) : 모두를 평등하게 보아 똑같이 사랑함.

▶ **一魚濁水**(일어탁수) : 한 마리의 고기가 물을 흐림. 곧, 한 사람의 잘못으로 여러 사람이 그 해를 입게 됨에 비유.

▶ **雨後竹筍**(우후죽순) : 비 온 뒤에 죽순이 많이 솟아나는 것처럼 어떤 일이 일시에 많이 생김의 비유.

▶ **十匙一飯**(십시일반) : 열 사람이 한 술씩 보태면 한 사람 먹을 분량이 된다는 뜻. 곧, 여러 사람이 힘을 합하면 한 사람을 돕기는 쉽다는 뜻.

▶ **白面書生**(백면서생) : 한갓 글만 읽고 세상 일에 어두운 사람. 곧, 사무에 능숙지 못한 젊은 풋내기.

▶ **九牛一毛**(구우일모) : 많은 것 가운데서 극히 적은 것의 비유.

▶ **一字千金**(일자천금) : 한 글자에 천금을 줌.

▶ **一言之下**(일언지하) : 말 한마디로 끊음. 한마디로 딱 잘라 말함.

▶ **一騎當千**(일기당천) : 한 사람의 기병이 천 사람의 적을 당해 낼 수 있음. (무예가 썩 뛰어 남에 비유)

▶ **一己之慾**(일기지욕) : 자기만의 욕심.

▶ **一脈相通**(일맥상통) : 솜씨·성격등이 서로 통함. 서로 비슷함.

▶ **一鳴驚人**(일명경인) : 한번 분기(奮起)하면 사람을 놀라게 할 정도의 일을 한다는 뜻으로 중국 전국시대의 제(齊)나라 순우곤(淳于髡)이 새를 빌어 위왕(威王)을 간한 고사에서 온 말.

▶ **一目瞭然**(일목요연) : 한번 보고도 환하게 알 수 있음.

▶ **牽强附會**(견강부회) : 이치에 맞지 않은 말을 억지로 끌어 들여 자기가 주장하는 말에 맞도록 함.

▶ **自家撞着**(자가당착) : 자기가 한 말이나 행동이 앞뒤가 모순됨. 같은 사람의 글이나 언행이 앞뒤가 서로 맞지아니하여 어그러짐.

▶ **虛張聲勢**(허장성세) : 실속은 없이 헛소문과 허세만 떠벌림.

▶ **一葉片舟**(일엽편주) : 하나의 작은 조각배.

▶ **一日三秋**(일일삼추) : 하루가 삼년 같다는 뜻. 곧, 몹시 지루하거나 기다림의 비유. 동 一刻如三秋(일각여삼추)

▶ **一場春夢**(일장춘몽) : 한 바탕의 봄. 꿈처럼 헛된 영화.

▶ **一朝一夕**(일조일석) : 하루 아침, 하루 저녁처럼 짧은 시간.

▶ **悠悠自適**(유유자적) : 속세를 떠나 아무것에도 속박되지 아니하고 자기 하고 싶은 대로 조용하고 편안히 생활을 하는 일.

고사(사자)성어 풀이

▶一敗塗地(일패도지) : 한 번 패함에 뇌(腦)와 오장(五臟)이 진구렁창에서 뒹굴게 된다는 뜻. 곧, 성한 곳이 한군데도 없을 정도로 싸움에서 크게 패함을 뜻함.

▶自暴自棄(자포자기) : 행동을 되는대로 마구 하고 스스로 자신을 돌보지 않는 것을 뜻 함.

▶淫談悖說(음담패설) : 음탕하고 상스러운 이야기.

▶臨戰無退(임전무퇴) : 전쟁에 임하여 물러서지 않음. 곧, 후퇴하지 않음.

▶立身揚名(입신양명) : 사회에서 지위를 얻어 출세하여 세상에 이름을 드러냄.

▶自家撞着(자가당착) : 자기가 한 말이나 행동의 앞뒤가 모순됨. 곧, 같은 사람의 글이나 언행이 앞뒤가 서로 맞지 아니하여 어그러짐.

▶自手成家(자수성가) : 물려받은 재산이 없는 사람이 자기힘으로 한 살림을 이룩함.

▶忙中有閑(망중유한) : 바쁜중에도 한가한 짬이 있다는 뜻.

▶罔極之恩(망극지은) : 한 없는 은혜.

▶望雲之情(망운지정) : 부모를 그리워하는 마음.

▶罔極之痛(망극지통) : 한이 없는 슬픔. 임금이나 어버이의 상사(喪事)에 쓰는 말.

▶戰戰兢兢(전전긍긍) : 두려워 몸을 떨며 조심하는 모양. '전전'이란 몹시 두려워 떠는 모양을 말하고,

▶自强不息(자강불식) : 힘써 쉬지 않음.

▶自畵自讚(자화자찬) : 자신이 그린 그림을 스스로 칭찬함. 제 일을 제가 칭찬함.

▶作舍道傍(작사도방) : 길가에 집을 짓노라니 오가는 사람마다 의견(意見)이 달라서 주인의 마음이 흔들려 쉽게 지을 수 없었다는 뜻.

▶張三李四(장삼이사) : ① 성명이나 신분이 뚜렷하지 못한 평범한 사람들. ②《불》사람에게 성리(性理)가 있는 줄은 아나 그 모양이나 이름을 지어 말할 수 없음의 비유.

▶衆寡不敵(중과부적) : 적은 수효가 많은 수효를 대적하지 못함.

▶一觸即發(일촉즉발) : 조금만 닿아도 곧 폭발할 것 같은 몹시 위험한 상태를 이름.

▶日就月將(일취월장) : 날로 달로 진보함. 곧, 계속 진취되어 감을 말함. 동 日將月就(일장월취)

▶一攫千金(일확천금) : 단 번에 많은 재물을 얻음.

▶一片丹心(일편단심) : 한 조각 붉은 마음. 곧, 한결같은 참된 정성.

▶臨機應變(임기응변) : 그 때 그 때 그 시기에 임하여 적당히 일을 처리함.

▶輾轉反側(전전반측) : 이리저리 뒤척이며 잠 못 이루는 모양을 뜻한다.

▶賊反荷杖(적반하장) : 잘못한 사람이 도리어 잘 한 사람을 나무라는 경우에 쓰이는 말.

▶赤手空拳(적수공권) : 맨손과 맨주먹. 곧, 아무것도 가진것이 없음.

▶適材適所(적재적소) : 적재를 적당한 지위에 씀.

고사(사자)성어 풀이

▶轉禍爲福(전화위복) : 화(禍)가 바뀌어 오히려 복(福)이 됨. 또는, 화를 바꾸어 복이 되게 함.

▶電光石火(전광석화) : ① 극히 짧은 시간. ② 아주 신속한 동작.

▶前程萬里(전정만리) : 앞길이 만리나 멀다. 곧, 아직 젊어서 장래가 유망함.

▶指鹿爲馬(지록위마) : 윗사람을 농락하여 권세를 마음대로 하는 것을 가리키는 말.

▶朝三暮四(조삼모사) : 아침에 세 개, 저녁에 네 개. 간사한 잔꾀로 남을 우롱하고 속이는 것을 말함. 또는 눈앞에 보이는 차별만을 알고 그 결과는 같은 것임을 모르는 어리석음을 풍자함

▶絶長補短(절장보단) : 긴것을 잘라 짧은 것에 보탠다는 뜻. 알맞게 함.

▶鳥足之血(조족지혈) : 새 발의 피. 극히 적은 분량의 비유.

▶種豆得豆(종두득두) : 콩을 심어 콩을 거둔다는 말로, 원인에는 그에 따른 결과가 온다는 뜻.

▶坐井觀天(좌정관천) : 견문이 썩 좁음을 이르는 말 (우물 안 개구리의 뜻).

▶左衝右突(좌충우돌) : 이러저리 찌르고 다닥뜨림. 닥치는 대로 마구 치고 받고 함.

▶主客顚倒(주객전도) : 사물의 경중·선후·완급이 서로 바뀜. 곧, 주인과 손님의 위치가 뒤바뀜.

▶二律背反(이율배반) : 서로 모순되는 두 가지의 명제(命題)가 동등한 권리로 주장되는 일.

▶自繩自縛(자승자박) : 자기가 만든 줄로 제 몸을 옭아 묶는다는 뜻으로, 자신의 언행으로 말미암아 스스로 옭혀 들어감의 비유.

▶切磋琢磨(절차탁마) : 자르고 깎고 쪼고 간다. 곧 뼈, 상아, 옥, 돌 등을 갈고 다듬어 모양과 빛을 냄을 말한다. 학문이나 자기 수양에 부단히 노력하는 모양을 일컫는 말이다.

▶晝耕夜讀(주경야독) : 낮에는 농사일을 하고 밤에는 글을 읽음.

▶走馬加鞭(주마가편) : 달리는 말에 채찍질을 더함. 곧, 정진(精進)하는 사람을 한층 권장함.

▶走馬看山(주마간산) : 바쁘고 어수선하여 무슨 일이든지 홱홱 지나쳐서 봄에 비유.

▶酒池肉林(주지육림) : 호사스런 술잔치.

▶衆寡不敵(중과부적) : 적은 수가 많은 수효를 대적하지 못함. 동 寡不敵衆(과부적중)

▶頂門一鍼(정문일침) : 정수리에 놓는 침. 곧, 따끔한 충고.

▶朝令暮改(조령모개) : 아침에 내린 명령을 저녁에 고침. 곧, 법령이나 명령을 자주 뒤바꿈.

▶朝不慮夕(조불려석) : 아침에 저녁일을 헤아리지 못한다는 뜻으로, 당장을 걱정할 뿐이고 그 다음을 돌아볼 겨를이 없음을 이름. 동 朝不謀夕(조불모석)

▶竹馬故友(죽마고우) : 같이 대나무말을 타고 놀던 어린 시절의 벗. 곧, 소꿉동무나 오랜 친구를 말함.

▶指鹿爲馬(지록위마) : 사슴을 가리켜 말이라고 한다는 뜻으로 곧, 위압적으로 억지를 쓰거나, 사람을 속이려 억지를 쓰는 것을 뜻함 또는 윗사람을 농락하여 권세를 마음대로 휘두르는 것을 비유함.

▶衆口鑠金(중구삭금) : 여러 사람의 말은 무섭다는 말.

▶知己之友(지기지우) : 서로 마음이 통하는 벗.

고사(사자)성어 풀이

▶天高馬肥(천고마비) : 하늘은 높고 말은 살찐다. 가을을 이르는 말.

▶至緊至要(지긴지요) : 매우 긴요함.

▶舐犢之情(지독지정) : 부모가 자식을 생각하는 사랑이 어미소가 송아지를 핥아주는 사랑과 같다는 말.

▶支離滅裂(지리멸렬) : 갈가리 흩어지고 찢기어 갈피를 잡을 수 없이 됨.

▶天衣無縫(천의무봉) : 선녀의 옷은 꿰맨 자리가 없다는 뜻. 곧, 기교의 흔적이 없이 자연스럽게 정리된 시문(詩文)이나 서화(書畫)를 일컫는 말

▶千金買骨(천금매골) : 열심히 인재(人材)를 구함의 비유.

▶千慮一得(천려일득) : 어리석은 사람도 많은 생각 가운데는 한가지쯤 좋은 생각이 있다는 뜻.

▶泉石膏肓(천석고황) : 산수를 사랑하는 것이 너무 정도에 지나쳐 마치 불치의 고질과 같음. 동煙霞痼疾(연하고질)

▶千辛萬苦(천신만고) : 온갖 신고, 또 그것을 겪어옴.

▶天壤之判(천양지판) : 하늘과 땅의 차이처럼 엄청난 차이 동天壤之差(천양지차)

▶千載一遇(천재일우) : 천 년에 한 번 만나는 기회. 곧, 다시 만나기 힘든 좋은 기회를
재일시(千載一時), 천세일시(千世一時), 천재일회(千載一會) 같은 뜻.

▶至誠感天(지성감천) : 정성이 지극하면 하늘도 감동이 된다는 뜻으로, 어떤 일을 정성껏 하면 좋은 결과를 맺는다는 뜻.

▶知彼知己(지피지기) : 적의 사정과 자기의 사정을 잘 앎. 곧, 상대를 알고 나를 앎.

▶進退兩難(진퇴양난) : 앞으로 나갈 수도 없고 뒤로 물러날 수도 없는 궁지에 빠짐. 동進退維谷(진퇴유곡) ; 나아가지도 물러서지도 못하여, 어찌할 길이 없음. 오도가도 못함.

▶此日彼日(차일피일) : 이날이다 저날이다 하는 식으로 약속이나 기한 따위를 연기시킴을 비유한 말.

▶滄海一粟(창해일속) : 넓고 큰 바다에 한알의 좁쌀이라는 뜻으로, 곧, 많거나 넓은 가운데 섞여 있는 하찮은 작은 물건을 비유한 말.

▶天佑神助(천우신조) : 하늘과 신령이 도움.

▶天人共怒(천인공노) : 누구나 분노할 만큼 증오스러움. 곧, 도저히 용납 될 수 없음의 비유.

▶天眞爛漫(천진난만) : 아무런 꾸밈이 없이 언행에 그대로 나타남. 순진함.

▶千差萬別(천차만별) : 여러가지 사물이 모두 차이가 있고 구별이 있음.

▶千態萬象(천태만상) : 모든 사물이 제각기 다른 모습을 하고 있음을 이르는 말. 천차 만별의 상태.

▶貧而無怨(빈이무원) : 몸은 곤궁에 처해 있어도 원망해서는 안된다.

▶安分知足(안분지족) : 편안한 마음으로 제 분수를 지키며 만족함을 앎.

▶悠悠自適(유유자적) : 속세를 떠나 아무 속박 없이 자기 멋대로 마음 편히 삶.

▶安貧樂道(안빈낙도) : 가난하지만 마음을 편히 하고 걱정하지 않으며 도를 즐김.

고사(사자)성어 풀이

▶ **靑出於藍**(청출어람) : 쪽(藍)에서 나온 물감이 오히려 쪽빛보다 더 푸르다. 곧, 제자가 스승보다 더 낫다는 뜻. 줄여서 '출람(出藍)'이라고 하며, '출람지재(出藍之才)', '출람지예(出藍之譽)'라고도 함.

▶ **他山之石**(타산지석) : 쓸모 없는 것처럼 보일지라도 때에 따라선 유용한 것이 될 수 있음을 뜻함. 또는 타인의 하찮은 언행일지라도 자기에게 도움이 될 수 있음을 비유.

▶ **春秋筆法**(춘추필법) : 공자의 역사비판이 나타나 있는 춘추와 같이 비판의 태도가 썩 엄정함을 비유한 말.

▶ **春風秋雨**(춘풍추우) : 봄바람과 가을비. 곧, 지나가는 세월을 가르키는 말.

▶ **忠言逆耳**(충언역이) : 충직한 말은 귀에 거슬려 불쾌함.

▶ **醉生夢死**(취생몽사) : 아무 의미없이, 이룬 일도 없이 한 평생을 흐리 멍텅하게 살아감.

▶ **七縱七擒**(칠종칠금) : 일곱 번 놓아 주고 일곱 번 사로 잡는다는 뜻으로, 마음대로 잡았다 놓아 주었다 함의 비유.

▶ **我田引水**(아전인수) : 제게 이롭게만 함.

▶ **自暴自棄**(자포자기) : 절망상태에 빠져서, 자신을 버리고 돌보지 아니함.

▶ **牽强附會**(견강부회) : 이치에 맞지 않은 말을 억지로 끌어 붙여 자기가 주장하는 조건에 맞게 함.

▶ **破竹之勢**(파죽지세) : 대나무를 가르는 것 같은 거침없는 기세. 곧, 맹렬한 기세로 적을 물리쳐 나아감을 비유하는 말이다. 〈진서(晉書)〉'두예전(杜預傳)'

▶ **吐哺握髮**(토포악발) : 중국의 주공(周公)이 식사때나 목욕시에 내객(來客)이 있으면 먹던 것을 뱉고, 머리를 거머쥐고 영접했다는 고사에서 나온 말.

▶ **千篇一律**(천편일률) : ① 여러 시문의 격조가 변화 없이 비슷비슷함. ② 엇비슷한 현상.

▶ **徹頭徹尾**(철두철미) : 처음부터 끝까지 투철함. 처음부터 끝까지 철저한 모양.

▶ **靑雲萬里**(청운만리) : 푸른 구름 일 만리. 곧, 원대한 포부나 높은 이상을 말함.

▶ **草綠同色**(초록동색) : ① 같은류 끼리 어울린다는 뜻. ② 이름은 다르나 따지고 보면 한가지 것이라는 말.

▶ **寸鐵殺人**(촌철살인) : 촌철로 살인한다는 뜻으로, 간단한 경구로 어떤일에 급소를 찔러 사람을 감동 시킴의 비유.

▶ **卓上空論**(탁상공론) : 실천성이 없는 허황한 이론.

▶ **貪官汚吏**(탐관오리) : 탐욕이 많고 행실이 깨끗하지 못한 관리.

▶ **兎死狗烹**(토사구팽) : 토끼가 잡혀 죽고 나면 사냥개는 삶겨진다는 말. 곧, 토끼 사냥이 다 끝나고 나면 그 사냥에 쓰였던 사냥개는 쓸모없게 되어 삶아 먹히고 만다는 말이다. 원말은 '교토사 양구팽(狡兎死 良狗烹 : 교활한 토끼가 죽고 나면 좋은 개는 삶겨진다)', 또는 '교토사 주구팽(狡兎死 走狗烹)'으로서, 쓸모가 있을 때는 긴요하게 쓰이다가 다 쓰여지고 나서 쓸모가 없어지게 되면 헌신짝처럼 버려지는 것을 비유하여 쓰이는 말이다.

▶ **波瀾萬丈**(파란만장) : 물결이 만길 높이로 인다는 뜻으로 일의 진행에 몹시 기복·변화가 심함.

▶ **破邪顯正**(파사현정) : 사견(邪見)·사도(邪道)를 파괴하여 정법을 창현함.

고사(사자)성어 풀이

▶匹夫之勇(필부지용) : 보통 사내의 용기라는 뜻. 큰 포부를 갖고 있는 대장부의 큰 용기(大勇)가 아닌, 보통 사람의 째째한 용기(小勇)를 뜻하는 말

▶布衣之交(포의지교) : 보잘것 없는 선비일 때 사귄 벗.

▶表裏不同(표리부동) : 마음이 음흉하여 겉과 속이 다름.

▶風飛雹散(풍비박산) : 바람에 날리고 우박처럼 흩어짐. 곧, 사방으로 날아 흩어짐.

▶風樹之嘆(풍수지탄) : 효도 하고자 할 때에 이미 부모는 죽고 효행(孝行)을 다하지 못하는 슬픔. '樹欲靜而風不止, 子欲養而親不待'에서 온 말.

▶風前燈火(풍전등화) : ① 등불과 같이 매우 위급한 자리에 놓여 있음을 가리키는 말. ② 사물이 덧없음을 가리키는 말. 동 風前燈燭(풍전등촉)

▶螢雪之功(형설지공) : 반딧불과 눈빛으로 공부하여 얻은 보람. 곧, 고학(苦學)으로 학업을 성취하는 것을 비유

▶緘口無言(함구무언) : 입을 다물고 말이 없음.

▶含憤蓄怨(함분축원) : 분함과 원망을 품음.

▶咸興差使(함흥차사) : 가서 깜깜 무소식이거나 또는 회답이 더딜때의 비유.

▶虛心坦懷(허심탄회) : 마음에 거리낌이 없이 솔직함.

▶懸河口辯(현하구변) : 현하와 같이 거침없이 잘 하는 말. 현하(懸河)는 드리운 하천. 즉, 급류(急流)를 말함. 동 懸河雄辯(현하웅변), 懸河之辯(현하지변)

▶累卵之危(누란지위) : 달걀을 쌓아 올린것과 같이 매우 위태함. 비 風前燈火(풍전등화)

▶事必歸正(사필귀정) : 만사는 반드시 정리(正理)로 돌아감.

▶過猶不及(과유불급) : 정도를 지나침은 미치지 못한 것이나 같음.

▶匹夫匹婦(필부필부) : 평범한 남녀.

▶鶴首苦待(학수고대) : 학처럼 목을 빼고 기다린다는 뜻. 곧, 몹시 기다림을 말함.

▶邯鄲之夢(한단지몽) : 세상의 부귀영화가 허황됨을 이르는 말. 당나라의 노생(盧生)이 한단(邯鄲) 땅에서 여옹(呂翁)의 벼개를 빌려서 잠을 잤더니 메조밥을 짓는 사이에 팔십 년간의 영화로운 꿈을 꾸었다는 고사. 인생과 영화의 덧없음의 비유.

▶邯鄲之步(한단지보) : 본분을 잊고 억지로 남의 흉내를 내면 실패한다는 뜻.

▶閑話休題(한화휴제) : 쓸데없는 이야기는 그만두라는 뜻으로 곧, 어떤 내용을 써 내려가다가 한동안 딴 내용으로 쏠렸던 붓끝을 다시 본론으로 끌고 올 때 이르는 말.

▶狐假虎威(호가호위) : 여우가 호랑이의 위세를 빌어 다른 짐승을 놀라게 한다는 뜻. 곧, 남의 권세를 빌려 위세를 부리는 것을 비유하는 말

▶互角之勢(호각지세) : 서로 비슷비슷한 위세.

▶糊口之策(호구지책) : 먹고사는 방책. 동 糊口之計(호구지계)

▶好事多魔(호사다마) : 좋은 일에는 흔히 방해 되는 일이 생김을 말함.

고사(사자)성어 풀이

▶畫龍點睛(화룡점정) : 용을 그리는데 눈동자를 마지막으로 그려넣어 그림을 완성한다는 말이다. 곧, 사물의 가장 중요한 부분을 완성시키는 것, 최종 손질을 하는 것을 말함.

▶虎視眈眈(호시탐탐) : ① 범이 먹이를 노리어 눈을 부릅뜨고 노려봄. ② 기회를 노리고 가만히 형세를 관망함의 비유.

▶浩然之氣(호연지기) : ① 하늘과 땅 사이에 넘치게 가득찬, 넓고도 큰 원기(元氣). ② 도의에 뿌리를 박고 공명 정대하여 조금도 부끄러울바 없는 자유스럽고 유쾌한 마음. ③ 사물에서 해방되어 자유스럽고 유쾌한 마음.

▶刮目相對(괄목상대) : 짐작했던 것보다 학식이나 재주가 뛰어나 눈을 비비고 다시 봄.

▶後生可畏(후생가외) : 후배들을 두려워할 만 하다는 뜻. 곧, 젊은 후학(後學)들 가운데에는 학업을 부지런히 쌓아 선배들을 능가할 어떤 인물이 나올는지 모르기 때문에 항상 그들을 두렵게 여길만 하다는 뜻.

▶換骨奪胎(환골탈태) : ① 얼굴이 전보다 변해 아름답게 됨. ② 남의 문장의 취의를 본뜨되 그 형식을 바꿔 자작처럼 꾸밈. 준 탈태(奪胎)

▶患難相救(환난상구) : 환난이 생겼을때 서로 구해줌.

▶荒唐無稽(황당무계) : 말이 허황하여 믿을 수 없음. 황탄무계.

▶興盡悲來(흥진비래) : 즐거운 일이 다하면 슬픈일이 닥쳐온다는 뜻으로, 세상이 돌고 돌아 순환됨을 가리키는 말. 반 苦盡甘來(고진감래)

▶會者定離(회자정리) : 만난 사람은 반드시 헤어진다는 뜻으로, 인생의 무상함을 이르는 말.

▶自業自得(자업자득) : 제가 저지른 일의 과보를 제가 받음.

▶惑世誣民(혹세무민) : 세상 사람을 미혹하여 속임.

▶昏定晨省(혼정신성) : 조석으로 부모의 안부를 물어서 살핌. 동 冬溫夏淸(동온하정)

▶紅爐點雪(홍로점설) : 벌겋게 단 화로에 내리는 한 점의 눈. 곧, 큰 힘 앞에 맥을 못추는 극히 작은 힘을 비유.

▶畫蛇添足(화사첨족) : 안해도 될 쓸데없는 일을 덧붙여 하다가 도리어 일을 그르침.

▶畫中之餠(화중지병) : 그림에 떡. 곧, 아무리 탐이 나도 차지하거나 이용할 수 없음에 비유.

▶姑息之計(고식지계) : 근본적인 해결책이 아닌 일시적인 계책(計策)

두 가지 이상의 음을 가진 한자

降	내릴 / 항복할	강 / 항	降雨量(강우량) / 降伏(항복)
更	다시 / 고칠	갱 / 경	更生(갱생) / 更新(경신)
車	수레 / 수레	거 / 차	車馬費(거마비) / 車庫(차고)
見	볼 / 뵈올	견 / 현	見聞(견문) / 謁見(알현)
金	쇠 / 성	금 / 김	金屬(금속) / 金氏(김씨)
內	안 / 여관	내 / 나	內外(내외) / 內人(나인)
度	법도 / 헤아릴	도 / 탁	制度(제도) / 度地(탁지)
讀	읽을 / 구절	독 / 두	讀書(독서) / 句讀點(구두점)
洞	마을 / 밝을	동 / 통	洞里(동리) / 洞察(통찰)
樂	즐길 / 풍류 / 좋아할	락 / 악 / 요	苦樂(고락) / 音樂(음악) / 樂山(요산)
復	회복할 / 다시	복 / 부	回復(회복) / 復活(부활)
否	아닐 / 막힐	부 / 비	否定(부정) / 否塞(비색)
北	북녘 / 달아날	북 / 배	南北(남북) / 敗北(패배)
狀	형상 / 문서	상 / 장	狀態(상태) / 賞狀(상장)
殺	죽일 / 감할	살 / 쇄	殺生(살생) / 相殺(상쇄)
說	말씀 / 달랠 / 기쁠	설 / 세 / 열	說明(설명) / 遊說(유세) / 說乎(열호)

省	살필 / 덜	성 / 생	反省(반성) / 省略(생략)
數	셈 / 자주	수 / 삭	數學(수학) / 數數(삭삭)
宿	잘 / 별이름	숙 / 수	宿食(숙식) / 星宿(성수)
拾	주울 / 열	습 / 십	拾得(습득) / 參拾(삼십)
食	밥 / 밥	식 / 사	飮食(음식) / 飯疏食(반소사)
識	알 / 기록할	식 / 지	知識(지식) / 標識(표지)
惡	악할 / 미워할	악 / 오	善惡(선악) / 憎惡(증오)
易	바꿀 / 쉬울	역 / 이	交易(교역) / 容易(용이)
切	끊을 / 모두	절 / 체	切斷(절단) / 一切(일체)
辰	별 / 날	진 / 신	辰時(진시) / 生辰(생신)
參	참여할 / 석	참 / 삼	參席(참석) / 參萬(삼만)
則	법 / 곧	칙 / 즉	規則(규칙) / 然則(연즉)
宅	집 / 댁	택 / 댁	住宅(주택) / 宅內(댁내)
暴	사나울 / 사나울	폭 / 포	暴徒(폭도) / 暴惡(포악)
便	편할 / 똥오줌	편 / 변	便利(편리) / 便所(변소)
行	다닐 / 항렬	행 / 항	行路(행로) / 行列(항렬)
畵	그림 / 그을	화 / 획	圖畵(도화) / 畵順(획순)

상대적인 뜻을 가진 한자

加 [더할 가]	⇔	減 [덜 감]		先 [먼저 선]	⇔	後 [뒤 후]
可 [옳을 가]	⇔	否 [아닐 부]		善 [착할 선]	⇔	惡 [악할 악]
甘 [달 감]	⇔	苦 [쓸 고]		送 [보낼 송]	⇔	迎 [맞을 영]
強 [강할 강]	⇔	弱 [약할 약]		首 [머리 수]	⇔	尾 [꼬리 미]
開 [열 개]	⇔	閉 [닫을 폐]		受 [받을 수]	⇔	授 [줄 수]
客 [손 객]	⇔	主 [주인 주]		勝 [이길 승]	⇔	敗 [패할 패]
去 [갈 거]	⇔	來 [올 래]		是 [옳을 시]	⇔	非 [아닐 비]
乾 [하늘 건]	⇔	坤 [땅 곤]		始 [비로소 시]	⇔	終 [마칠 종]
京 [서울 경]	⇔	鄕 [시골 향]		新 [새 신]	⇔	舊 [예 구]
輕 [가벼울 경]	⇔	重 [무거울 중]		深 [깊을 심]	⇔	淺 [얕을 천]
苦 [괴로울 고]	⇔	樂 [즐거울 락]		哀 [슬플 애]	⇔	歡 [기쁠 환]
高 [높을 고]	⇔	低 [낮을 저]		溫 [따뜻할 온]	⇔	冷 [찰 랭]
古 [예 고]	⇔	今 [이제 금]		往 [갈 왕]	⇔	來 [올 래]
曲 [굽을 곡]	⇔	直 [곧을 직]		遠 [멀 원]	⇔	近 [가까울 근]
功 [공 공]	⇔	過 [허물 과]		有 [있을 유]	⇔	無 [없을 무]
公 [공평할 공]	⇔	私 [사사로- 사]		陰 [그늘 음]	⇔	陽 [볕 양]
敎 [가르칠 교]	⇔	學 [배울 학]		因 [인할 인]	⇔	果 [과연 과]
禁 [금할 금]	⇔	許 [허락할 허]		自 [스스로 자]	⇔	他 [남 타]
吉 [길할 길]	⇔	凶 [흉할 흉]		長 [길 장]	⇔	短 [짧을 단]
暖 [따뜻할 난]	⇔	冷 [찰 랭]		前 [앞 전]	⇔	後 [뒤 후]
難 [어려울 난]	⇔	易 [쉬울 이]		正 [바를 정]	⇔	誤 [그르칠 오]
內 [안 내]	⇔	外 [바깥 외]		早 [일찍 조]	⇔	晩 [늦을 만]
多 [많을 다]	⇔	少 [적을 소]		朝 [아침 조]	⇔	夕 [저녁 석]
大 [클 대]	⇔	小 [작을 소]		祖 [할아비 조]	⇔	孫 [손자 손]
同 [한가지 동]	⇔	異 [다를 이]		左 [왼쪽 좌]	⇔	右 [오른쪽 우]
動 [움직일 동]	⇔	靜 [고요할 정]		晝 [낮 주]	⇔	夜 [밤 야]
得 [얻을 득]	⇔	失 [잃을 실]		眞 [참 진]	⇔	假 [거짓 가]
老 [늙을 로]	⇔	少 [젊을 소]		進 [나아갈 진]	⇔	退 [물러갈 퇴]
利 [이로울 리]	⇔	害 [해로울 해]		集 [모을 집]	⇔	散 [흐터질 산]
賣 [살 매]	⇔	買 [팔 매]		天 [하늘 천]	⇔	地 [땅 지]
明 [밝을 명]	⇔	暗 [어두울 암]		初 [처음 초]	⇔	終 [마칠 종]
問 [물을 문]	⇔	答 [대답할 답]		出 [나갈 출]	⇔	入 [들 입]
發 [떠날 발]	⇔	着 [붙을 착]		豐 [풍년 풍]	⇔	凶 [흉년 흉]
本 [근본 본]	⇔	末 [끝 말]		彼 [저 피]	⇔	此 [이 차]
貧 [가난할 빈]	⇔	富 [부자 부]		寒 [찰 한]	⇔	暑 [더울 서]
死 [죽을 사]	⇔	活 [살 활]		黑 [검을 흑]	⇔	白 [흰 백]
上 [위 상]	⇔	下 [아래 하]		興 [흥할 흥]	⇔	亡 [망할 망]
生 [날, 살 생]	⇔	死 [죽을 사]		喜 [기쁠 희]	⇔	悲 [슬플 비]

(반대자) 反對字

降 내릴 강	登 오를 등	客 손님 객	主 주인 주	輕 가벼울 경	重 무거울 중
京 서울 경	鄕 시골 향	古 옛 고	新 새 신	哭 울 곡	笑 웃음 소
近 가까울 근	遠 멀 원	起 일어날 기	伏 엎드릴 복	短 짧을 단	長 긴 장
畓 논 답	田 밭 전	冬 겨울 동	夏 여름 하	頭 머리 두	尾 꼬리 미
得 얻을 득	失 잃을 실	明 밝을 명	暗 어두울 암	母 어미 모	父 아비 부
罰 벌줄 벌	賞 상줄 상	浮 뜰 부	浸 잠길 침	富 부자 부	貧 가난할 빈
死 죽을 사	生 날 생	陽 볕 양	陰 그늘 음	熱 더울 열	寒 찰 한
前 앞 전	後 뒤 후	淸 맑을 청	濁 흐릴 탁	子 아들 자	女 계집 녀

(반대어) 反對語

國內 국내	國外 국외	減少 감소	增加 증가	空想 공상	現實 현실
拘束 구속	釋放 석방	樂觀 낙관	悲觀 비관	埋沒 매몰	發掘 발굴
不幸 불행	幸福 행복	成功 성공	失敗 실패	損失 손실	利益 이익
順行 순행	逆行 역행	原因 원인	結果 결과	直接 직접	間接 간접
自動 자동	手動 수동	快樂 쾌락	苦痛 고통	擴大 확대	縮小 축소
好況 호황	不況 불황				

(동음이의어) 同音異議語

感謝 감사	監査 감사	家庭 가정	家政 가정	古代 고대	苦待 고대
科擧 과거	過去 과거	敎訓 교훈	校訓 교훈	祈願 기원	紀元 기원
綠陰 녹음	錄音 녹음	道場 도장	圖章 도장	發展 발전	發電 발전
辭典 사전	事前 사전	原因 원인	猿人 원인	印度 인도	人道 인도
入場 입장	立場 입장	戰後 전후	前後 전후	節介 절개	節槪 절개
紙面 지면	誌面 지면	取捨 취사	炊事 취사	通貨 통화	通話 통화
寒食 한식	韓食 한식				

주요 · 정자(正字) · 약자(略字) 일람표 ①

正	略	訓音	正	略	訓音	正	略	訓音	正	略	訓音	正	略	訓音	正	略	訓音	正	略	訓音
價	価	값 가	徑	径	지름길 경	驅	駆	몰 구	團	団	모임 단	覽	覧	볼 람	爐	炉	화로 로	貌	皃	모양 모
假	仮	거짓 가	繼	継	이을 계	鷗	鴎	갈매기 구	擔	担	멜 담	來	来	올 래	屢	屡	자주 루	發	発	필 발
覺	覚	깨달을 각	觀	観	볼 관	國	国	나라 국	當	当	마땅할 당	兩	両	두 량	樓	楼	다락 루	拜	拝	절 배
個	仒	낱 개	關	関	빗장 관	權	权	권세 권	黨	党	무리 당	勵	励	힘쓸 려	留	甾	머무를 류	變	変	변할 변
擧	挙	들 거	館	舘	집 관	勸	勧	권할 권	對	対	대답할 대	歷	厂	지날 력	離	难	떠날 리	邊	辺	가 변
據	拠	의지할 거	廣	広	넓을 광	歸	帰	돌아올 귀	圖	図	그림 도	聯	联	잇닿을 련	萬	万	일만 만	竝	並	아우를 병
劍	剣	칼 검	鑛	鉱	쇳돌 광	氣	気	기운 기	讀	読	읽을 독	戀	恋	사모할 련	蠻	蛮	오랑캐 만	寶	宝	보배 보
檢	検	검사할 검	舊	旧	예 구	寧	寍	편안할 녕	獨	独	홀로 독	靈	灵	신령 령	賣	売	팔 매	簿	笒	장부 부
輕	軽	가벼울 경	龜	亀	거북 귀	單	単	홑 단	樂	楽	즐길 락	禮	礼	예 례	麥	麦	보리 맥	佛	仏	부처 불
經	経	글 경	區	区	구역 구	斷	断	끊을 단	亂	乱	어지러울 란	勞	労	수고로울 로	面	面	낯 면	拂	払	떨칠 불

주요 · 정자(正字) · 약자(略字) 일람표 ②

正	略	訓音	正	略	訓音	正	略	訓音	正	略	訓音	正	略	訓音	正	略	訓音	正	略	訓音
師	师	스승 사	屬	属	붙을 속	惡	悪	악할 악	營	営	경영할 영	殘	残	남을 잔	盡	尽	다할 진	豐	豊	풍년 풍
寫	写	베낄 사	壽	寿	목숨 수	巖	岩	바위 암	藝	芸	재주 예	蠶	蚕	누에 잠	參	参	참여할 참	學	学	배울 학
辭	辞	말씀 사	數	数	셈 수	壓	圧	누를 압	譽	誉	기릴 예	轉	転	구를 전	處	処	곳 처	獻	献	드릴 헌
狀	状	형상 상	獸	獣	짐승 수	藥	薬	약 약	圓	円	둥글 원	傳	伝	전할 전	鐵	鉄	쇠 철	顯	顕	나타날 현
雙	双	쌍 쌍	肅	粛	엄숙할 숙	嚴	厳	엄할 엄	爲	為	하 위	點	点	점 점	廳	庁	관청 청	號	号	이름 호
敍	叙	펼 서	濕	湿	젖을 습	與	与	줄 여	圍	囲	둘레 위	齊	斉	가지런할 제	體	体	몸 체	畫	画	그림 화
釋	釈	풀 석	乘	乗	탈 승	譯	訳	통변할 역	應	応	응할 응	濟	済	건널 제	齒	歯	이 치	擴	拡	넓힐 확
選	选	가릴 선	實	実	열매 실	驛	駅	역 역	醫	医	의원 의	晝	昼	낮 주	澤	沢	못 택	歡	歓	기쁠 환
燒	焼	불사를 소	兒	児	아이 아	鹽	塩	소금 염	貳	弐	두 이	卽	即	곧 즉	擇	択	가릴 택	會	会	모일 회
續	続	이을 속	亞	亜	버금 아	榮	栄	영화로울 영	壹	壱	하나 일	證	証	증거 증	廢	廃	폐할 폐	興	兴	일 흥

모양이 비슷한 한자

寸	才	己	已	己	巳	巳	已	土	士	壬	士
마디 촌	재주 재	몸 기	이미 이	몸 기	뱀 사	뱀 사	이미 이	흙 토	선비 사	북방 임	선비 사
太	犬	反	尺	日	曰	干	于	今	令	王	玉
클 태	개 견	돌이킬 반	자 척	날 일	가로 왈	방패 간	어조사 우	이제 금	하여금 령	임금 왕	구슬 옥
吉	告	乎	平	名	各	甲	申	住	往	卯	卵
길할 길	고할 고	어조사 호	평평할 평	이름 명	각각 각	갑옷 갑	납 신	살 주	갈 왕	토끼 묘	알 란
巨	臣	亦	赤	列	烈	列	例	形	刑	切	功
클 거	신하 신	또 역	붉을 적	벌릴 렬	매울 렬	벌릴 렬	법식 례	모양 형	형벌 형	끊을 절	공 공
看	着	作	昨	戊	戌	戌	成	借	惜	式	武
볼 간	붙을 착	지을 작	어제 작	천간 무	개 술	개 술	이룰 성	빌 차	아낄 석	법 식	호반 무
恨	限	根	恨	順	須	開	閑	他	地	苦	若
한 한	한정할 한	뿌리 근	한 한	순할 순	모름지기 수	열 개	한가할 한	다를 타	땅 지	쓸 고	같을 약
俗	浴	重	童	鳥	烏	鳥	島	容	客	期	朝
풍속 속	목욕할 욕	무거울 중	아이 동	새 조	까마귀 오	새 조	섬 도	얼굴 용	손 객	기약할 기	아침 조
衆	象	季	秀	徒	從	推	惟	姓	性	到	致
무리 중	형상 상	철 계	빼어날 수	무리 도	좇을 종	밀 추	생각 유	성 성	성품 성	이를 도	이를 치
推	唯	億	憶	基	甚	破	波	倫	論	持	特
밀 추	오직 유	억 억	생각할 억	터 기	심할 심	깨뜨릴 파	물결 파	인륜 륜	논할 론	가질 지	특별할 특
眠	眼	勞	榮	樂	藥	執	熱	者	著	圓	園
잠잘 면	눈 안	일할 로	영화 영	노래 악	약 약	잡을 집	더울 열	놈 자	나타날 저	둥글 원	동산 원

三綱五倫

朋友有信 (붕우유신) 벗과 벗은 믿음이 있어야 한다
長幼有序 (장유유서) 어른과 어린이는 차례가 있어야 하고
夫婦有別 (부부유별) 남편과 아내는 분별이 있어야 하며
父子有親 (부자유친) 아버지와 아들은 친함이 있어야 하며
君臣有義 (군신유의) 임금과 신하는 의가 있어야 하고

夫爲婦綱 (부위부강) 남편은 아내의 벼리(그물을 오므렸다 폈다 하는줄)가 된다
君爲臣綱 (군위신강) 임금은 신하의 벼리(그물을 오므렸다 폈다 하는줄)가 되고
父爲子綱 (부위자강) 아버지는 아들의 벼리(그물을 오므렸다 폈다 하는줄)가 되고

朱子十悔

不接賓客去後悔 (불접빈객거후회) 손님을 접대하지 않으면 간 뒤에 뉘우친다
醉中妄言醒後悔 (취중망언성후회) 술 취할 때 망언된 말은 술 깬 뒤에 뉘우친다
色不謹愼病後悔 (색불근신병후회) 색을 삼가치 않으면 병든 후에 뉘우친다
不治垣墻盜後悔 (불치원장도후회) 남장을 고치지 않으면 도적 맞은 후에 뉘우친다
春不耕種秋後悔 (춘불경종추후회) 봄에 종자를 갈지 않으면 가을에 뉘우친다
富不儉用貧後悔 (부불검용빈후회) 편할 때 아껴 쓰지 않으면 가난한 후에 뉘우친다
安不思難敗後悔 (안불사난패후회) 편할 때 어려움을 생각하지 않으면 실패한 뒤에 뉘우친다
少不勤學老後悔 (소불근학노후회) 젊을 때 부지런히 배우지 않으면 늙어서 뉘우친다
不親家族疎後悔 (불친가족소후회) 가족에게 친절치 않으면 멀어진 뒤에 뉘우친다
不孝父母死後悔 (불효부모사후회) 부모에게 효도하지 않으면 죽은 뒤에 뉘우친다